窑火映红的天空

The Kiln Fire of Dehua Dyeing the Sky Red

郑金勤 著
By Zheng Jinqin

探访德化古窑
An Investigation on Dehua Ancient Kilns

福建美术出版社
Fujian Art Publishing House

图书在版编目（ＣＩＰ）数据

　　窑火映红的天空：探访德化古窑/郑金勤编著.—福建：福建美术出版社，2009.7

　　ISBN 978-7-5393-2184-4

　　Ⅰ.窑… Ⅱ.郑… Ⅲ.①陶窑遗址—简介—德化县②瓷窑遗址—简介—德化县③古代陶瓷—鉴赏—德化县 Ⅳ.K878.5　k876.3

　　中国版本图书馆CIP数据核字（2009）第100168号

窑火映红的天空

编　著：郑金勤

出　版：福建美术出版社

地　址：福州市东水路76号

邮　编：350001

印　刷：金盾彩色印刷有限公司

开　本：889×1194mm　1/16

印　张：6.5

版　次：2009年07月1版第1次印刷

印　数：0001-3000

书　号：ISBN 978-7-5393-2184-4

定　价：60.00元

德化县古瓷窑址分布示意图

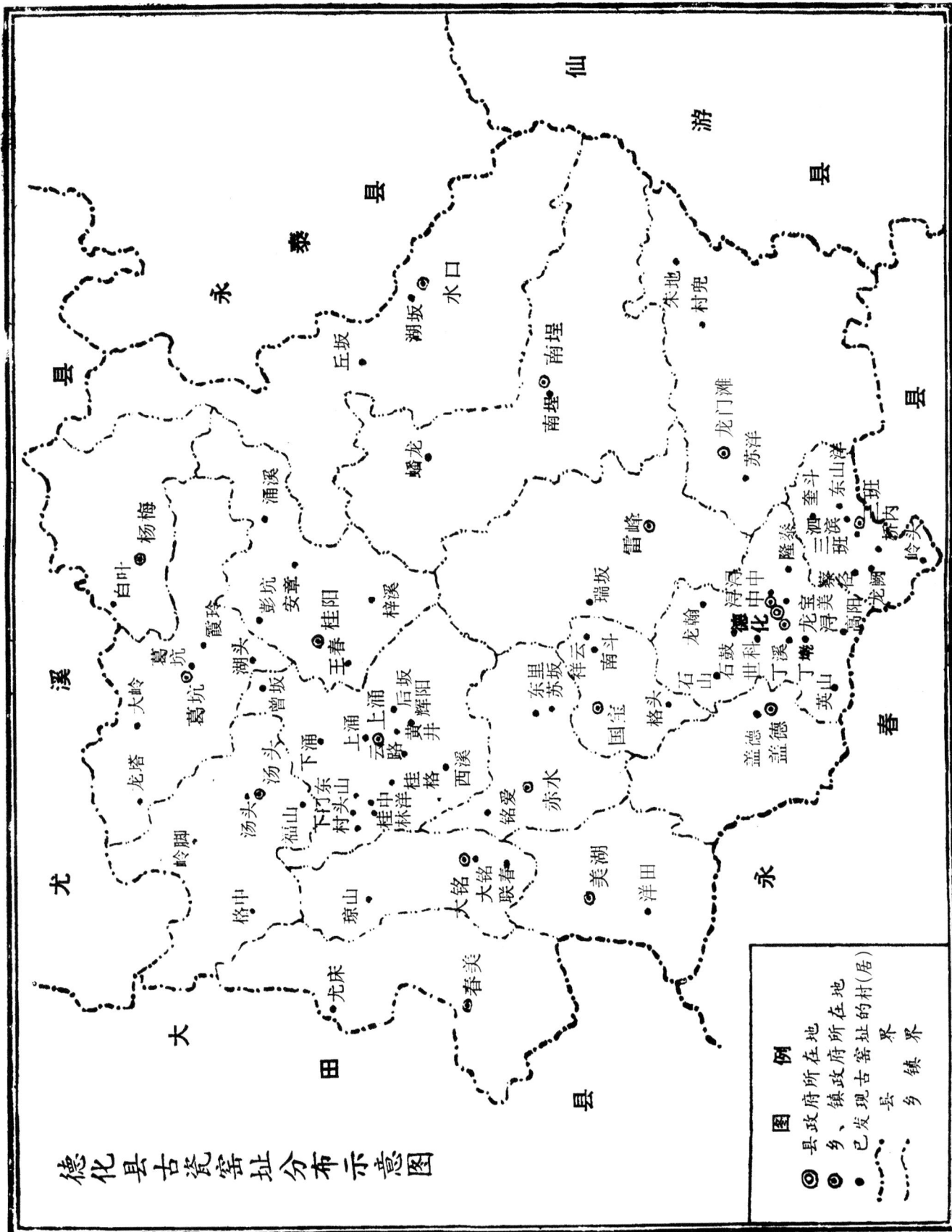

仙游县
永泰县
尤溪县
大田县
永春县

水口 湖坂 丘坂 南埕 南埕 禾地 村兜
龙门滩 苏洋
蟒龙
杨梅 白叶 涌溪 梓溪 雷峰 隆泰 奎斗 二班
葛坑 霞碧 彭坑 安章 东班
大岭 葛坑 湖头 曾坂 桂阳 浮洋 中中 三班 班内
龙浔 王春 后坂 黄辉阳 瑞坂 得中 桥头
汤头 上涌 东里 苏坂 祥云 龙翰 德化 龙门 龙阙
福山 下洋 云路 桂格 西溪 南斗 石山 右敖 世科 得美 英山
岭脚 下村 东村头山 琳洋 格头 赤水 国宝 丁溪 丁岭 盖德
格中 桂中 国宝 格头 盖德 盖德
琼山 大铭 联春 美湖 洋田
尤床 春美

图例
◎ 县政府所在地
◎ 乡、镇政府所在地
● 已发现古窑址的村(居)
—··— 县 界
—·— 乡、镇 界

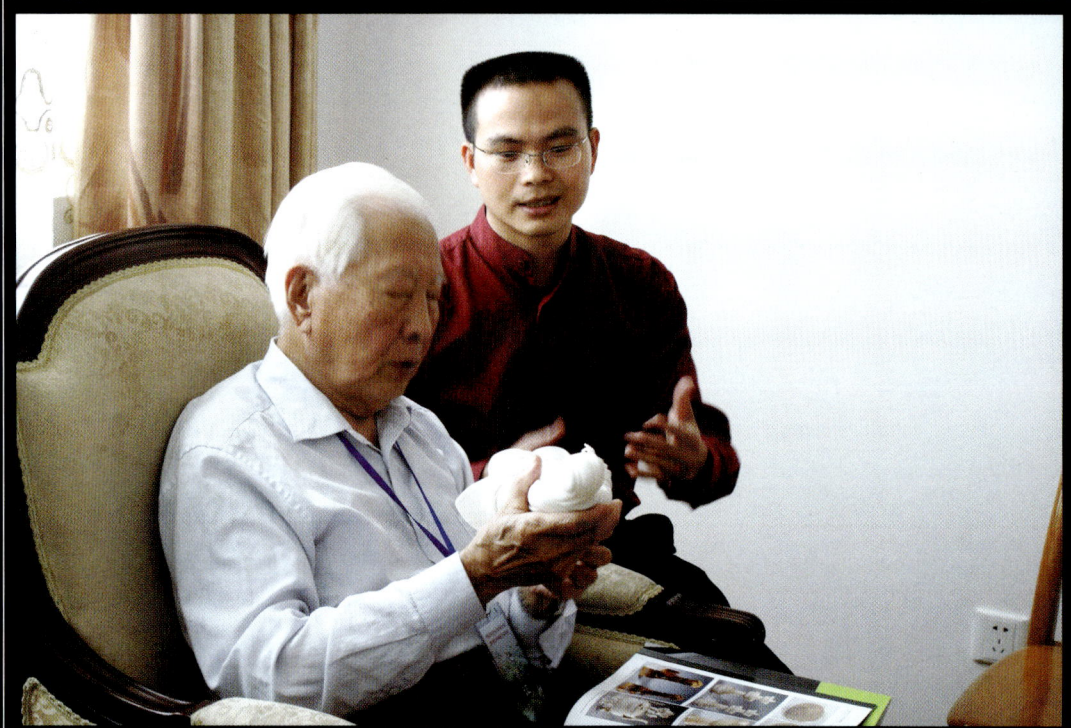

作者就德化窑、德化瓷等问题，请教故宫博物院陶瓷专家耿宝昌先生（左一）

作者与南京博物院陶瓷专家张浦生先生探讨德化窑等相关问题

前 言

FOREWORD

精美雅致的德化瓷，简直是个致命的诱惑，有着神奇的力量，令人倾迷不已，从此欲罢不能。

且不说20世纪初，英国古陶瓷专家——P.J.唐纳利先生以毕生的精力，对"中国白"进行收集和研究。单说20世纪90年代，美国收藏家、古陶瓷研究专家罗伯特.H.布鲁门菲尔德为了撰写《"中国白"——伟大的德化瓷器》，跑遍了世界各地收藏有"中国白"——德化瓷的各大博物馆，亲自触摸那些落入尘间的精灵。为了深入了解德化窑的内涵，罗伯特还专程从加州来到厦门，请了个向导，雇了辆车，经过一路的颠颠簸簸，才到了万山沟壑之中的德化。在德化，他参观了德化陶瓷博物馆以及部分德化古窑址，并走访了周雅各等德化瓷雕艺人。然而，满怀着"朝圣"心情的罗伯特收获却不多，令他感到遗憾的是，德化人对德化窑、德化瓷的了解，甚至还不如他，连一代瓷圣何朝宗的生卒年月都不清楚，他在书中毫不客气地说，"中国人居然不知道'中国白'最伟大的艺术家——何朝宗的生卒年月，这是十分令人震惊，也是相当奇怪的，这就像西方不知道伦勃朗（Rembrandt）或米开朗基罗(Michelangelo)的生活与工作一样。"

罗伯特的一番话，深深地刺痛了我。是啊，作为德化人，居然不知道何朝宗，居然不懂得德化陶瓷的历史，居然不认识德化陶瓷文化的可贵，确实是莫大的羞愧！为了更多的了解德化窑，认识被西方人视为拱璧的"中国白"德化瓷，工作之余，我经常与各地收藏德化瓷的朋友们沟通、交流。对于收藏界朋友珍藏的德化瓷，有机会总是要上上手，赏玩一番，并相继编辑出版了《德化青花五彩瓷全书》和《"中国白"—德化白瓷鉴赏》。

在目睹了无数精美之致的德化古陶瓷的同时，心中也产生了无数的疑问：那些令国外各大博物馆和收藏大家当作国宝竞相收藏、视若拱璧的德化瓷，究竟是在什么样的生产环境下、哪些古窑生产出来的？精美之致的背后，又有多少鲜为人知的历史隐藏在地处偏远山村角落的古窑址背后呢？在科学技术不甚发达的古代，德化窑又是如何世代相承、薪火相传呢？

德化作为千年古瓷都，制瓷历史十分悠久，古瓷窑遍布于全县18个乡镇。陶瓷文化，是历史长河中勤劳聪明的德化人留给我们最宝贵的财富之一，它是德化文化遗产的灵魂，它是德化文化遗产的核心，是德化人的精神和灵魂。陶瓷文化深入德化人的骨髓，影响着德化人的生活，撑起了德化经济的半壁江山。古窑址的遗存，原原本本地记录下了瓷都德化的发展轨迹，记录下了瓷都德化的辉煌，何不深入探究一番呢？于是，就有了探访德化古窑址，重新认识德化窑的设想。

散落在各处古窑址的瓷片，犹如落入尘间的精灵，时隐时现，令人难以忘怀。在探究的过程中，我每每被德化先民的聪明才智所震撼；在探究的过程中，我每每被德化先民高超的制作技艺所震撼；在探究的过程中，我每每被德化先民的执着追求所感动；在探究的过程中，我每每看到窑火跳跃不已，闪耀着德化窑灿烂的过去，映红了德化的天空，照亮了瓷都德化辉煌的未来。近3年的探访历程，我拍摄了大量的图片资料，积累了大量的素材，同时在与收藏爱好者的探讨中，在与传世品、收藏品的比照中，在孜孜的探求和考证中，我不断丰富自己的知识，不断地修正自己的观点，最终形成了《窑火映红的天空》文稿。文稿以时间先后为顺序，精心选取了各个时期有代表性的古窑址，配以大量精美的实物图录，图文并茂地介绍德化窑的发展历程，以期更好地展示德化瓷的艺术魅力，为德化瓷收藏、研究、鉴赏提供较为全面的参考资料。

目 录

CONTENTS

序 言
PREFACE

瓷器是中华民族对人类文明的伟大贡献，在英语中，"中国"（China）和"瓷器"（china），就是同一个单词。

德化是中国古代重要的瓷业生产区和外销瓷的重要产地之一。陶瓷制造历史悠久，商周时期即开始建窑生产印纹硬陶和原始青瓷，是福建原始瓷器的最早发源地之一。唐代生产青瓷，宋元以来，德化所产的各类瓷器，如青瓷、青白瓷、白瓷等，远销海内外，受到各国人民的喜爱，曾与江西景德镇、湖南醴陵并称为中国三大古瓷都，是我国南方历史悠久、工艺独特的名窑之一。

悠久的制瓷历史，体现在文化遗存上，就是古窑址遍布于全县18个乡镇。据不完全统计，全县已发现商周时期、唐、宋、元、明、清至民国的古窑址239处。其烧制规模之大，窑址之多，分布之广，冠于全省，在全国是极其少见的。最为难得的是，德化窑火，从唐代以来，时至今天，就一直没有中断过，可以说，德化的天空，一直是被窑火映红着，这在中国陶瓷史上也是极其少见的。尤其是宋元明清四个朝代，德化窑为"海上丝绸（瓷）之路"生产了大量的外销产品，促进了中国和世界各地的经济、文化、政治等之间的交流，为德化、泉州乃至福建赢得了无限的声誉。德化瓷以其质地洁白坚硬、色泽莹润、工艺精良、造型雅致、种类繁多等独特的艺术魅力，倍受国内外的青睐，显示出了强大的生命力。德化瓷集实用、装饰、观赏于一体，散发出民间陶瓷艺术的芬芳。德化窑瓷作为我国陶瓷艺术的精品，宛如一枝充满生机的奇葩，绽放出闪亮的异彩。德化白瓷，有"中国白"之美誉，从留存于世的那些美轮美奂、精妙无比的古陶瓷中，我们深切地感受到，中国古代瓷工艺人非凡的创造智慧，以及令人惊叹的丰富想象力和艺术表现力。

该书的作者，是德化土生土长的古陶瓷研究专家，2003年、2005年即合著出版了《德化青花五彩瓷全书》、《"中国白"—德化白瓷鉴赏》两本德化古陶瓷研究专著，能一如既往地扎根于本地浓厚的陶瓷文化之中，利用工作之余，甘于寂寞、不辞辛劳地深入到人迹罕至、偏远的山村角落，探访德化古窑址，从田野考古的角度，从学者的角度，还原德化窑址的面貌，还原德化窑的发展脉络，还原德化窑背后的故事，展示德化瓷的精美之致，其精神境界十分可嘉。

《窑火映红的天空——探访德化古窑》最大的特点是，精心选取了13个德化窑不同时期最具代表性的古窑址，深入加以探究，时间跨度长达3000多年，全书共7万余字，精选各大博物馆及收藏家手中的各个时期的德化古陶瓷精品近200件，图片300余张，以大量翔实的实物图录，为古陶瓷研究者研究、鉴赏德化瓷提供了较为全面的参考资料，大大丰富了德化古陶瓷研究的内涵。尤为难得的是，在探究的过程中，注重挖掘德化窑与"海上丝绸之路"、与"东方第一大港"——刺桐港、与宝岛台湾等之间的紧密联系，注重各个窑址的窑号或商号等款识的收集、整理，注重古窑址的遗存与传世品、国内外大博物馆收藏品之间的联系，互为印证，注重陶瓷文化与人文精神之间的传承，弥补了以前有关德化陶瓷研究书籍只有瓷器图录或研究论文，而与古窑址相互联系、相互印证少的不足，大大丰富了德化窑瓷的珍贵标本和历史资料。同时，该书有意识地将青花瓷和民国彩瓷的窑号或商号、代表性的名家款识加以系统的收集、整理，深入了解民国瓷绘瓷彩人的创作情况，挖掘其中不为人们所熟知的内涵，为研究德化瓷提供了翔实的实物资料，对德化瓷的鉴赏和研究具有很大的帮助，这是该书的另一大亮点。此外，《窑火映红的天空——探访德化古窑》用散文形式撰写而成，一改以往学术研究硬梆梆的面孔，语言活泼生动、通俗优美，图文并茂，融可读性、知识性、科学性于一体，许多诗词联文、民间传说，甚至是马可波罗、伊本白图泰、朱熹、张瑞图等古代重要名人的事迹，信手拈来，为我所用，同时又融入了作者的孜孜探索与考证，为该书增添不少的可读性。诸如窑神的传说、瓷笛箫的传说、瓷龙床的传说、梅花杯的传说、兄弟争窑号的传说、青花换取万金楼的传说等等，都从不同侧面还原了当年德化窑的生产盛况。

此书的编辑出版，对进一步推进德化瓷的研究，弘扬瓷都德化源远流长的陶瓷文化，推动"海上丝绸之路：泉州史迹"申报世界文化遗产，其重要作用勿庸多言。

值此付梓之际，谨为之序。

叶文程

2009年6月

明·象牙白脑自在观音（林希宗）

瓷国史话

Historical Account of the Porcelain Country

据传刺桐城西，戴云山麓，有个瓷雕大师沉迷十载，精心制作了一支奇特的瓷洞箫。此箫吹奏，东边来龙西边来凤，南边鱼虾跳跃，北边百鸟来仪。一吹风调雨顺，二吹五谷丰登，三吹万民康乐，四吹天下太平。瓷洞箫的名声越传越远，传到了皇城，被当朝皇上知道了，就下圣旨将瓷洞箫调入宫中，但是德化县城四境，听迷了瓷箫的龙、凤、鱼虾、鸟都不走了。此后，东边多了座龙浔山，西边有了凤凰山，南边鱼虾戏水，北边百鸟飞翔。龙浔山下，渐渐聚集成一座城，其名曰德化。德化的先民们撮土为瓷，以瓷为业，生生不息，遂成瓷都。千百年来，龙浔山演绎着一个个有关瓷的传奇……

德化县位于福建省中部，地近东南沿海，全县面积2232平方公里。是中国古代重要的瓷业生产区和外销瓷的重要产地之一，曾与江西景德镇、湖南醴陵并称为中国三大古瓷都，是我国南方历史悠久、工艺独特的名窑之一。

德化县地处"闽中屋脊"——戴云山脉。戴云山主峰1856米，长年云雾缭绕，故称"戴云山"，其高逼云霄，绵延千里，气势磅礴，是福建省境内的第二高峰，素有"福建阿里山"之称。境内群山环抱，重峦叠嶂，溪涧纵横，森林密布，云遮雾绕的戴云山，以其草木繁茂丰美，滋润了一方水土。旧志称："千岩竞秀，万壑争流，堪舆胜概，莫过斯矣。环德皆山也。群峰剡为(zèlì)，势若飞来，俯瞰长流，曲折奔注。"这里不仅景色秀丽气候温暖潮湿，而且拥有丰富的森林资源和水力资源，更为重要的是，这里拥有富足的瓷土资源，含量多为高岭土，已发现的瓷土矿点就达110多处，遍及全县各地。其瓷土品质优良，含铁钛等杂质成分少，洁白细腻，为陶瓷业制作提供了丰富的资源条件。历代瓷工以其得天独厚

的条件，吸取、继承前人的宝贵经验和优良传统，不断精心钻研，创新提高，烧制一批又一批精美的陶瓷产品，远销国内外，赢得了消费者的喜爱和欢迎，赢得了"白瓷声价通江海"的美誉。

德化县制瓷历史十分悠久，德化古瓷窑遍布于全县18个乡镇。根据多年来普查，已发现商周时期，唐、宋、元、明、清至民国的古窑址239处，有的重重叠叠，延续烧制，无以数计，更有因年代久远而无从考究的。按年代分：商周时期1处，唐代1处，宋元时代42处，明代30处，清代177处，民国时期55处。且其中有90多处窑址的出土标本，在国外已发现有这种产品。德化的瓷业，历代烧制规模之大，窑址之多，分布之广，冠于全省，在全国也是少见的。从人口密集的城关到偏僻的山村，从田间地头到丛山密林，到处可见古瓷窑的遗址。至于白莹莹、花艳艳的古瓷片，更是数不胜数，成为青翠翠、绿葱葱的山乡一道美丽的风景线。德化窑址于1961年5月由福建省人民委员会公布列为第一批省级重点文物保护单位。其中"屈斗宫德化窑址"（包括浔中、龙浔、三班、盖德4个乡镇宋至明代的窑址）于1988年1月13日公布提升为第3批全国重点文物保护单位。

明·象牙白釉印花鬲式炉

明·象牙白釉达摩（现珍藏于美国纽约大都会博物馆）

2005年被国家发改委和国家文物局列入"十一五"期间100处国家重点大遗址保护专项。2007年被列入国家文化事业"十一五"重点工程项目——第二批《"十一五"国家重要大遗址保护规划纲要》。

早在新石器时代，就有印纹硬陶的制作，考古工作者曾先后在浔中镇丁溪村的云尾山、牛尾寨、四埔山等3处新石器时代遗址和美湖乡尊美村后坪山的新石器时代遗址上，采集到石斧、石矛和印纹陶片。

商周时期，三班镇辽田尖山即开始建窑烧瓷，生产印纹硬陶和原始青瓷，器物主要有壶、罐、杯、盂等盛器，纹饰有方格纹、附加堆纹、云雷纹、水波纹、戳点纹等，是福建原始瓷器的最早发源地之一。

至唐末五代，中原人口大量南移，其中有一部分的中原先民，几经辗转迁徙到德化开基立业，并带来了中原地区先进的手工业制作技术。这大大促进了德化社会经济的迅速发展，五代后唐长兴四年（公元933年）德化正式置县。在德化三班、泗滨村一带，制瓷业就已比较发达，据《龙浔泗滨颜氏族谱》记载：其开基祖教先公居河南，于唐代到德化县，其第五子文丽公得中明经博士，第七子颜仁郁初举进士。文丽公子化綵举国子博士及第，并著有德化县第一部《陶业法》、《绘梅岭图》，传授陶瓷工艺供后人学习。曾任归德场场长，并有诗篇入选《全唐诗》的颜仁郁曾有诗云："村南村北春雨晴，东

明·象牙白釉弥勒（何朝宗）

家西家地碓声。"描绘的就是当时千家万户烧制瓷器用地碓舂击瓷土的情景。

进入宋元以来，德化瓷业已初具规模，德化瓷大量涌入国际市场，畅销国外，成为当时"海上丝绸之路"最主要的贸易品之一。德化陶瓷成为古代东西方文明交流最主要的历史见证之一。据元代意大利著名旅行家马可·波罗《马可波罗游记》书中提到：刺桐（泉州）港附近的德化"制造碗及磁器，既多且美"。据调查，德化宋元时期的窑址多达42处，1976年发掘的屈斗宫古窑址，窑基全长57.10米，宽1.40-2.95米，共分为17间，其生产规模可想而知。宋元时期德化瓷产品以青白瓷为主，主要是国内外所需的日常生活用品，器型主要有碗、盘、炉、盒、壶、军持等。倍受考古界关注、甚至有"价值堪比兵马俑"之誉的宋代沉船"南海一号"上打捞出许多珍贵文物，其船中的古瓷大多是德化窑所产。

明代，是德化窑陶瓷生产的又一个高峰期，德化窑烧制的白瓷，胎体滑润致密，洁白如玉，叩击如磬，光泽闪亮，其釉色纯净，釉面晶莹光亮，乳白似象牙，如凝脂冻玉，美不胜收，代表了当时白瓷生产的最高水平，有"象牙白"、"猪油白"之美称，西方则称之为"中国白"（Blanc De Chine）、"世界白瓷之母"，被誉为"乃中国瓷器之上品也"，是"中国白瓷第一品牌"。明代又是德化窑瓷塑艺术最为繁盛的时期，德化白瓷与众不同，不仅透光度极好，为群瓷之冠，而且可塑性极强，无一不能塑造。以何朝宗、张寿山、林希宗、林朝景、

明·白釉玉兰杯

明·象牙白白釉祥云观音（衙江山人）

明·青白釉弥勒

陈伟等为代表的一大批瓷塑艺术大师，把德化窑瓷塑艺术推到了一个前无古人的境界，他们冠绝一时的瓷塑作品，造型逼真，格调高雅，具有独特和永恒的艺术魅力，照亮了世界一段辉煌的瓷史，被视为"世上独一无二的珍品"，有"天下共宝之"的美誉。著名收藏家马未都先生对何朝宗的瓷雕艺术赞叹不绝，"见过明何朝宗雕塑观音的人无不为之惊呼，以陶瓷之脆性，表现衣褶之柔软；以陶瓷之生冷，表现肌肤之温润；德化白瓷堪称一绝，前后无人能与之比肩。"

进入清代以后，青花瓷器代替白釉瓷器成为德化窑生产的主流，窑址遍布全县各地。清代是德化青花瓷生产的全盛期，据文物普查，全县除美湖、盖德两个乡镇尚未发现清代窑址外，其他乡镇都有清代窑址，全县青花窑址有177处，为历代以来窑址数的最高峰。德化青花瓷大量销往全国各地与东南亚以及非洲各国，清嘉庆德化诗人郑兼才《窑工》诗描绘了当时外销瓷的盛况："骈肩集市门，堆积群峰起。一朝海舶来，顺流价倍莛。不怕生计穷，但愿通潮水。"

民国时期（尤其是抗战时期），德化由于地处闽中地区的戴云山麓，成了当时抗战的大后方，许多文化艺人流落辗转到德化，为德化瓷的生产注入了新鲜的血液，尤其是郑少陶、孙锦春、徐曼亚、许光月等的陶瓷彩绘艺术，堪比江西景德镇的浅绛彩。在德化窑民国瓷器中，大量没留下陶工艺人姓名的作品，其精致之极，水平之高，令人叹为观止。此外，瓷雕老艺

明·象牙白釉观音坐像（唐尧焕）

明·象牙白釉关公

明·白釉关公

人苏学金、瓷雕艺人许友义三兄弟等更是当时瓷雕艺术的佼佼者，1915年苏学金所雕制的瓷梅花在巴拿马万国博览会上获得金奖。1930年许友义为仙游龙纪寺精心雕制的"五百罗汉"系列瓷雕，形态逼真，开创了古今系列瓷雕的新纪录。

　　德化陶瓷业在千年的发展过程中，虽也受兵荒马乱的影响，但从唐末始至今就一直没有中断过，这在中国陶瓷史上堪称是一大奇迹。德化窑作为我国南方著名的古瓷窑之一，在唐、宋、元、明、清等各个时期都十分注重学习各地名窑的长处，借鉴并融合了其他工艺的精华，并加以灵活运用，兼收并蓄。德化瓷，在世界瓷坛上独树一帜，它吸收、包容了一切艺术内涵，融合了绘画、雕塑、建筑、木刻、化工等诸多技艺，融合了宗教、美学、历史、传说等民族文化精髓。德化瓷突破了传统意义上的瓷器概念，拓展了瓷器的实用范围，体现的是完美的艺术，赋予陶瓷更多、更大的艺术创作空间。这也正是德化窑能保持其强大生命力的缘由。

　　德化窑瓷在发展中，始终高举"白色"旗帜，彰显"白色"艺术，在雕塑、造型、釉色、烧制和装饰上不断创新，将形、意之美发挥得淋漓尽致。千余年来，淳朴洒脱的民俗意趣与高贵典雅的"白色"艺术紧密结合，形成了独树一帜的艺术风格，展现了中华民族博大而精深的精神世界和审美情怀。正如英国古陶瓷研究专家P.J.唐纳利所言"单看'中国白'瓷本身的内在美就足够了，而不必进一步看它的声望，依靠它的特色，'中国白'在

明·白釉祥云观音（林朝景）

清早期·青花鱼藻纹盘

清早期·红绿彩梅鹊纹盘

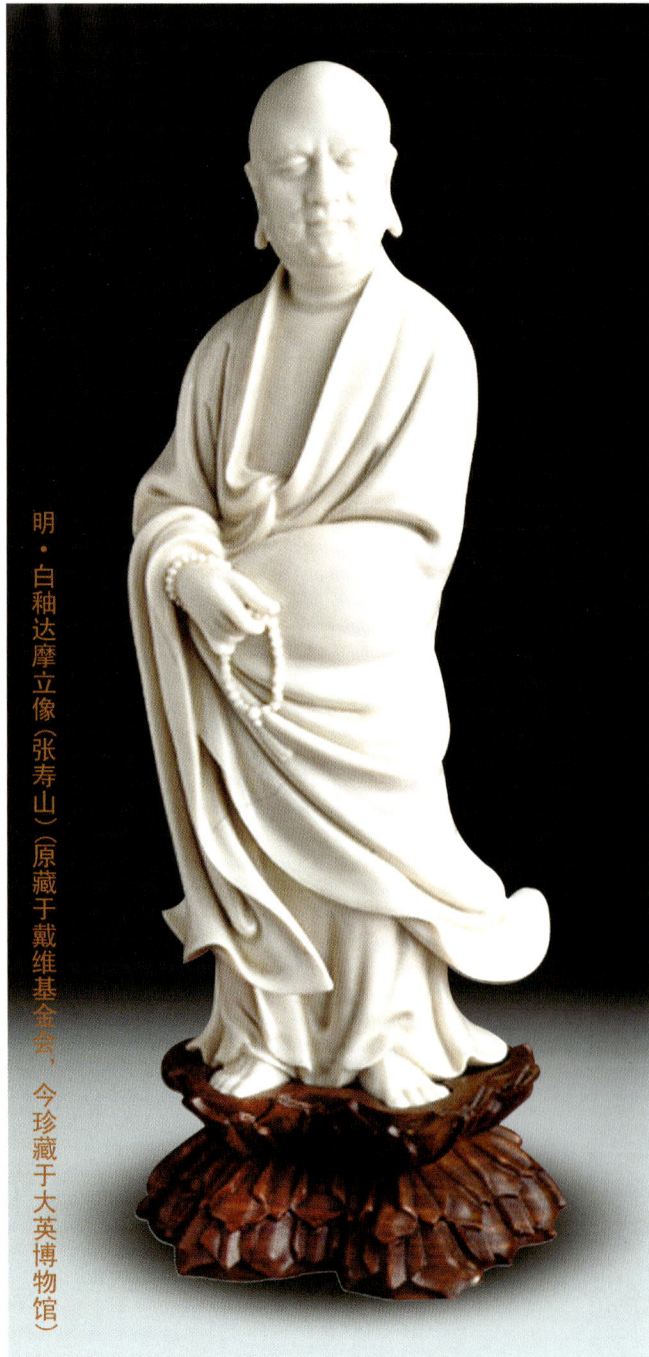

明·白釉达摩立像（张寿山）（原藏于戴维基金会，今珍藏于大英博物馆）

瓷器当中是出类拔萃的，而且往往是无可比拟的"。

德化窑为民窑，与"举全国之力"所办的官窑截然不同，尽管有着悠久的历史，有着独一无二的瓷质，有着独步天下的雕塑艺术，有着琳琅满目的艺术品种，但过去不为士大夫所重视，文献记载极为简略。它主要是根据市场需要而生产，为百姓需要而生产，为外销需要而生产。虽不为官府所重视，却也免受官府的干扰，少了官窑那种中规中矩的呆板，多了天马行空的灵性；少了官窑那种繁琐拘谨的羁绊，多了质朴浪漫的情趣；少了官窑那种依样画葫芦的束缚，多了洒脱爽朗的独创性。德化窑的瓷工艺人们就是在"举全国之力"生产官窑器的夹缝中，用自己的聪明才智，以及对艺术的虔诚和追求，小心翼翼地呵护着民间艺术的种子，打响了"德化瓷"、"中国白"的优质品牌。然而，颇为耐人寻味的是，那些占尽天下资源的官窑，大多如昙花一现般地消失了，而被视若草芥的民窑却凭借着顽强的生命力，深深地扎根于群众之中，深深地扎根在民间艺术的大地上，

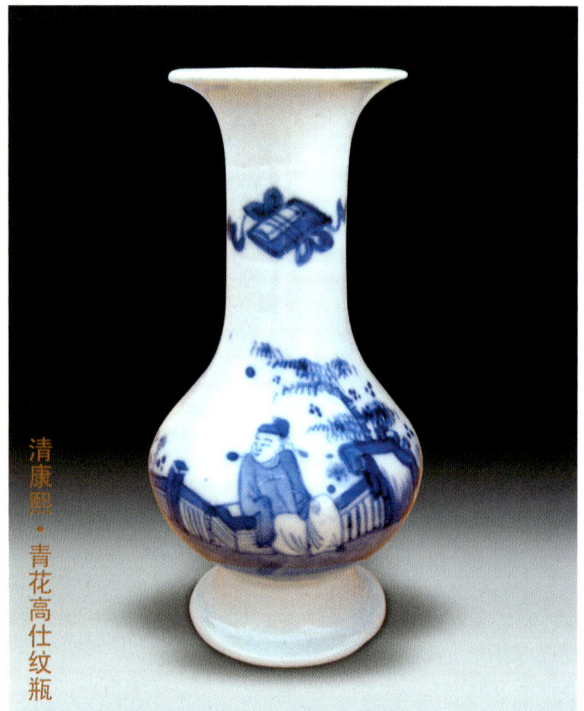

清康熙·青花高仕纹瓶

不断茁壮成长成参天大树，这从全县拥有239处之多的古窑址即可见一斑。

总而言之，德化窑瓷的造型美观，具有浓郁的民族风格和鲜明的地方特色，以及瑰丽的装饰和精湛技艺，是我国灿烂的民族文化艺术的精华，在中国陶瓷史上占有重要的位置。尤其是德化的瓷雕艺术不仅影响了瓷界，诸如江西景德镇、广东石湾、福建漳州的瓷雕艺术，还影响了其他的生产门类，尤其是民间艺术，包括江浙竹雕、木雕、漆工、寿山石雕、惠安石雕、铜雕（如"石叟"的铜雕艺术作品，带有显著的何派艺术风格）等，无不深受德化瓷雕艺术的影响。可以说，德化窑瓷融艺术和生活于一体，创造了一个崭新的雕塑典范和完整的雕塑范式，构成了人类最伟大、最美好、最珍贵的精神财富，在中国陶瓷发展史上留下了辉煌的一页。

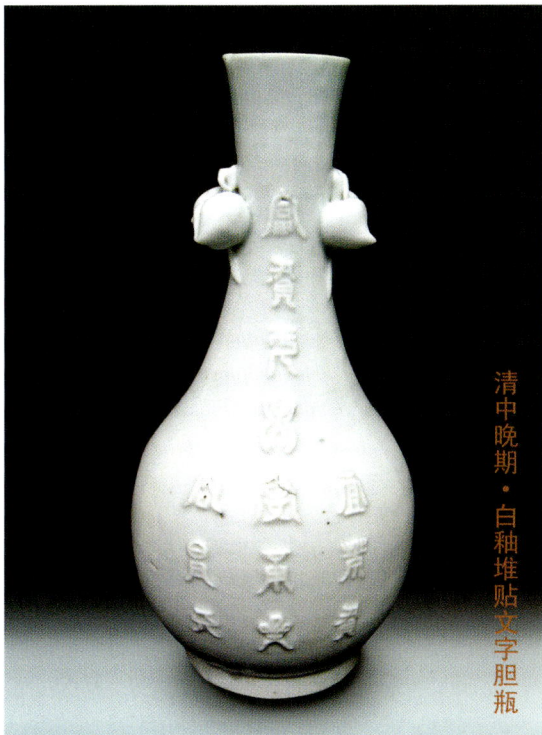

清中晚期·白釉堆贴文字胆瓶

清末·白釉关公（苏加善）

大山中的商周青瓷

About 3000-Year-Old Celadon Ware of Later Shang and Early
Western Zhou Dynasties Discovered in Ancient Kilns of Liaotianjian Mountain

**关键词：印纹硬陶　原始青瓷　弧形窑炉
　　　　附加堆纹　戳点纹**

德化瓷业始于何时？志书上并没有记载。

《马可·波罗游记》中提及"刺桐城附近有一别城，名称迪云州。制造碗及磁器，既多且美。"据考证迪云州即德化。

《安平志》载，"白磁出德化，元时上供。"

蓝浦在《景德镇陶录》则说，"德化窑，自明烧造，本泉州府德化县。"

这也难怪，德化窑历来为民窑，史料记载只有一鳞半爪，像蓝浦等学者从来没到过德化，对德化窑的研究只能据所见实物推断、点到为止。尽管许多专家学者对"德化窑为什么在宋元时期就十分成熟"疑窦重重，尽管在唐时的墓葬中出土过不少唐代瓷器，但是，在美湖乡洋田墓林唐代古窑址发现之前，只能推断"德化窑始于宋"。近年来，随着德化窑研究的不断深入，1995年美湖乡洋田墓林古窑址的发现，将德化窑的始烧年代推至唐代。2007年11月，三班镇辽田尖山原始青瓷古窑址的发现，再次将德化陶瓷史向前推进了一大步，同时也将全省瓷器烧制历史足足提前了1400年。（而在此前，福建省已发现，最早烧制瓷器的，是福州怀安窑，它主要烧制六朝时期的青瓷）。

辽田尖山古窑址位于三班镇三班村南部与永春县交界

处，山上大都种植芦柑，有一条运水果的盘山公路直通山顶。据福建省考古所现场考察情况初步判断，其年代在商代晚期至西周，距今3000年左右。

该处古窑址的发现缘于原始青瓷片大量被发现开始。2007年10月，三班镇一郑姓村民在整理柑橘园的时候，挖到大量碎瓷片，他看到上面都有一些花纹，有的瓷片很大，就收集了一小袋，进城时带到德化县陶瓷博物馆。随后，泉州市博物馆赶到辽田尖山古窑址，现场发现了许多印纹硬陶、原始青瓷和一些烧土块，这是窑址存在的明显特征，但没有发现窑炉。

2007年11月14日，福建省考古所专家进行实地踏勘，辽田尖山古窑址范围很大，有几千平方米，现场考古发现了烧成火候不够的陶片、废品堆积、烧制过程中粘连在一起的瓷片，以及烧窑的工具等，还有一个约1米宽的弧形窑炉，两侧的窑壁上残留着长期火烧后留下的厚厚的烧结层。和原始青瓷一起存在的还有大量的陶片，辽田尖山瓷窑不仅烧原始青瓷，同时烧陶器，表明该窑址是商周时期硬陶向青瓷过渡阶段留下的。印纹硬陶与原始瓷同窑合烧的现象，是原始瓷器的开始，是我国陶瓷业的一个飞跃。

由于窑址是新近被发现的，其分布的地表早已被开垦成茶园，许多原始瓷片散落在地上。令人吃惊的是，原始瓷片分散范围如此之广，从山顶上的第一畦茶园往下数，竟然有十余畦之多，在茶园的一角落的土壁上，暗红色的熟土隐约可见，古窑址的存在应该不止一座。

商周·青釉双系罐

个米粒大的圆点，再黏到瓷器表面上之后烧，制作时比较麻烦。还有另外一些花纹，有的像用竹片在上面戳成S形，叫"戳点纹"，有的像绳子压下去的"绳纹"、"网纹"，这些都是原始青瓷的典型花纹。此外，还拣到了一块带有"耳朵"的瓷片，估计这是一个可以系绳的青瓷罐，瓷片很厚，兴许当时的先民们还用这类的瓷罐煮东西呢……从现场采集的瓷片看，当时很多青瓷即已堆塑弦纹加以装饰，而且弦纹的堆塑技艺相当娴熟。这些瓷片的厚薄程度不一，但轻轻叩之，锵然作响，十分悦耳。

辽田尖山古窑址距离水源地甚远，山势很高，远处双峰状如马鞍、海拔1079米、位扼永春德化交通要道的天马山也只是像个小山窝而已，先民们在当时生产力不发达的情况下选择这里作为生产地，最主要的原因之一是周围有着丰富的瓷土矿，至今永春县介福乡仍有陶瓷企业在生产制作陶瓷。再者，当时的大山之中，拥有丰富的森林资源，山坳处，正处于风口之上，风力资源丰富，聪慧的先民们巧妙地借助风力资源进行烧制陶瓷，较好地提高窑炉的温度，从遗址周围随处可见粘结在一起的瓷片即可见一斑，甚至有些瓷片可能由于温度太高，竟然变成S形。还有，该窑址所处的地方很有可能是永春德化的古交通要道之一。因此，山上尽管距离水源较远，可制造瓷器需要大量的水，先民们很可能是在专门的制作场所，制作后再搬运到山上进行烧制的。

茶园最高处的地势较为平坦，方圆约几十平方米，站在辽田尖山远眺四周，猎猎秋风袭来，一览众山小，心境豁然开朗起来；环视脚下，一块块布满花纹的原始青瓷片散落在整个山头，俯拾皆是，"春秋惟草记，兴废有云知"的万端感慨涌上了心头。我们来时，正是"森拉克"台风欲来之时，一会儿，乌云密布，紧接着，豆大的雨点砸了下来，雨水正好洗去了瓷片的泥土，捡起来一看，瓷片表面露出了一层淡淡的青色的釉，表面多出来一个个用圆点装饰的图案，这是附加堆纹。制作的时候把瓷土捏成一个

　　经复旦大学现代物理研究所对窑址的瓷片样品进行"PIXE"（质子激发X莹光能谱）分析后发现，窑址瓷片的氧化铁含量是其他陶瓷的10多倍。此外，样品的氧化镁、氧化锰、氧化钛等成分，与现代瓷乃至德化目前发现最早的唐朝瓷器，都有明显差异。同时，参照其他地方发现的青瓷样品，可以判断德化辽田尖山古窑址是原始青瓷窑址。

　　瓷器的前身是原始青瓷，原始青瓷也称"原始瓷器"、"釉陶"、"青釉器"等，它是由陶器向瓷器过渡阶段的产物。原始青瓷制品的胎体含铁量在2%左右，经过人工施釉，在1200摄氏度左右的高温中烧成。原始瓷器在全国均有发现，这些瓷器工艺很原始，处于瓷器的发明阶段，它的产生对人类文明进步可谓是划时代。早期原始瓷器特征很明显，古朴稚拙，结实耐用，特别是表面的玻璃质釉层，不易渗水，不藏污垢。原始瓷器主要用泥条盘筑法成型，并用拍印、刻划、堆塑等技法作出各种装饰花纹。瓷器发展到汉代称为早期青瓷，六朝以后就是现代意义的瓷器了。

　　原始青瓷器物大多为尊、卣、簋、壶、豆、罐、鼎、杯、盂等盛器，春秋、战国时也有一部分钟、錞等仿青铜礼器。上面的纹饰有方格纹、附加堆纹、云雷纹、水波纹、戳印纹等。陶片和原始青瓷片同在三班辽田尖山古窑址一个地方发现，说明当时的先民们，不仅能够制造陶器，而且还在使用比陶器质量更高的瓷器，这是制瓷技术上的一次飞跃。

　　虽然原始青瓷在全国各地都有发现，但烧制的窑址目前只在浙江省发现多处，所以史学界一般认为原始青瓷的起源地在浙江，这里生产的产品源源不断地传入到全国各地，包括福建。原始青瓷在福建的分布是闽北大量存在，其他地方比较少。根据这一现状，专家普遍认为原始青瓷在省内传播路线是由北到南。

　　三班镇辽田尖山商周时期原始青瓷的发现，堪称是德化县、福建省乃至全国考古界的重大发现之一。一方面，它解决了德化窑历史溯源的问题，回答了德化瓷业始于何时的疑难问题；另一方面，它改写了福建省瓷器烧制历史，说明我们的先民较早掌握了较为先进的化土为瓷的技术，早在商周时期就烧制青瓷，福建和浙江都是原始青瓷的起源地，如果该遗址的年代早于其他遗址，就很有可能成为原始瓷器的最早发源地。闽南地区生产的原始青瓷等产品很可能传播到闽北或其他地方，福建南部的其他省份发现的原始青瓷也有可能是从浙江、福建两地共同传入的。

　　令人不解的是，到目前为止，德化境内尚未再发现比美湖乡洋田墓林唐代瓷窑更早的古窑址，德化县在商周时期已经相当成熟的制瓷技艺，有没有一脉相承下来呢？从商代晚期至唐五代这么漫长的岁月中，是否还存在着诸多的汉代、六朝古窑址呢？这一切，还有待于进一步的考古发现……

唐代古窑址 技艺有传承

The Craft of Building Kilns and Baking Porcelain in Tang Dynasty in Yangtian Village, Meihu Town Has Been Passed Down

关键词： 唐代青瓷　四系罐　支柱
古窑砖　樟树王

美湖乡位于德化县西南部，与永春、大田两县毗邻，距县城35公里，全乡土地总面积93.45平方公里，美湖乡是德化境内最早有人定居的地方之一，远在新石器时代就有人群在美湖村后坪山一带居住，1974年曾在当地出土石斧、石矛和印纹陶片等人类活动的遗物。

在美湖乡小湖村，有一棵至今已有1300多年的大樟树，枝叶扶疏，树干参天，屹立在川流不息的小尤溪旁，生机勃勃，犹如擎天大伞遮荫大地。该树高29米，胸径535厘米，冠幅40米，覆盖面近2亩。1997年，该树被列为省级古树名木，并收录进《福建树木奇观》一书。2008年该树入选福建省古树王。据德化旧志载，古樟为唐人所植。樟树旁有座古庙，称为"小尤庙"，也称"章公庙"或"显应庙"。据乾隆版《德化县志》载："小尤庙在尤中里。神，一姓章，一姓林，名俱失传。唐末人避黄巢之乱居于此，殁而有灵，乡人祀之。"昔廪生飔之曾题文曰："龙浔西隅有一古庙，名为章公庙，庙前有一古樟。章公乃南唐太尉。即唐建庙，有唐即有树。"

关于这株樟树王，还有一个美丽的传说：唐末五代时，章、林两人为了逃避黄巢之乱，当时来到小湖村时，走得精疲力尽，躺在大樟树下休息，很快地进入了梦乡，梦见一位身披树叶的老翁站在他们面前，说了四句隐语："两氏与吾本同宗，巧遇机缘会一堂；来年同登龙虎榜，衣锦还乡济四乡。"章、林欲请老翁指点前程时，老翁忽然不见了。他俩梦醒后，身旁遍找无人，只有一棵参天的大樟树，郁郁苍苍的树叶与梦中的老翁身上披的一模一样。章、林恍然大悟，老翁点明的"两氏与吾本同宗"，正是取"林"字的"木"字旁，加上"章"字，就是"樟"，老翁不就是樟树的化身吗？于是他俩就在樟树旁建屋定居，白天劳动夜攻读，大比之年，果然双双中了进士。朝廷令报子登门报喜，报子找不到章、林的家，就把榜文贴上樟树。顿时，树叶萧萧作响，树干喷发清香，树叶变成串串白银。从树上掉下送给报子，答谢其长途跋涉之劳。

章、林仕进后，为当地老百姓做了不少好事。死后，当

地人民为怀念其恩德，就在他俩生前住处建庙纪念。明代刘世赓曾在《章公墓》一诗中写道，章公"唐时率兵御寇至此，民赖以安"。诗曰："战垒萧萧记策勋，当年保障赖神君。唐书新旧遗名迹，德里春秋怆义魂。唐貌犹崇老太尉，墓田谁表故将军。寒岩谡谡松风起，惆怅啼猿隔断云。"从此，大樟树越被神化了。德化旧志对"小尤庙"有这段记载："宋绍定庚寅(1230年)汀寇自尤岭来，忽皆遁去，人谓神驱之云"。并且有樟树"年丰则枝叶茂秀，荒则枯落，田地龟裂，土地荒芜"的记述，因而被认为是"神树"、"卜年树"……

不说美湖乡悠久的人文历史，更重要的是，1995年在美湖乡洋田村，距美湖乡洋田村墓林片区唐代瓷器出土处2—3米远的地方，发现一处唐代古窑址。古窑址上面原有一古

唐·青釉碗

墓，村民迁墓铲土时发现，但该窑址已部分被破坏，村民林某在该窑址旁建猪舍。

　　我们探访时，古窑址已经是科学挖掘回填后的，加上烧制年代久远，在窑址地表上，我们耐心地搜寻了许久，仍然找不到半片的青瓷标本，就连古窑砖、支柱、支垫没找到。若不是旁边竖立的保护石碑，谁也看不出这里是唐代古窑址。站在古窑址保护石碑旁，思绪天马行空般地回到唐朝：唐代安史之乱、唐末五代的藩镇割据，连年纷争，烽火连天，中原地区陷入长期战争中。而地处崇山峻岭之中的闽国，由于闽王王审知选用贤能，兴文重教，浚湖拓城，减税撤卡，大力发展经济，改善民生，发展海外贸易，社会相对稳定，人民安居乐业。中原和江淮的百姓，拖家带口，颠沛流离，辗转来到闽国，慢慢地流入了德化，我们从樟树王的传说中可见一斑。这些避难而至的先民们不仅带来了中原先进的文化，还带来了中原先进的制瓷技术，他们就地取材，选择在依山傍水的山坡上建窑烧瓷，烧制青瓷以供自用……

　　该窑址位于村民林某家的前庭处，依山而建，窑址前的溪水潺潺，该溪流源自金竹坑，宽阔且激越。窑址四周林木葱郁，更重要的是，不远处的金竹坑，蕴藏着大量的优质的瓷土矿。在生产力相对不发达的年代，充足的水源、丰富的瓷土矿以及林木资源，这是烧制陶瓷的天然优势。据测量，古窑址遗物散布面积约300平方米，残存窑基长约21米，宽约1.9米至2.1米，为长方形龙窑。窑头和窑室已分辨不清，窑尾的火烧土尚存。遗址前部堆积层已被山体滑坡所破坏，在窑址四周发现20多件支柱，所发现的器物标本50多件，主要有壶、罐、碗、花口洗以及一些辨认不清的碎片，釉色有些泛黄，釉汁薄呈冰裂纹，胎质灰白且致密性差，具有含硅量不高、含铁钛量偏高、含钾量特高的特点，这是由于德化窑多数采用钾釉的缘故，也是德化窑产品的特色之一。经中国科技大学、香港城市大学采用无破坏性的X莹光仪等现代科技手段鉴定，分析后的数据同唐代古墓

唐墓出土的青釉双系罐

发现的唐代青瓷基本一致。古窑址窑壁已部分风化，明显呈灰黑色，同外沿的红壤形成十分鲜明的对比。窑内堆积着大量的灰黑色"熟土"，这些"熟土"可能是窑顶塌陷形成的堆积物。在窑址旁还发现大量古窑砖、古瓷片及烧瓷用的隔层支柱和支垫，部分窑砖至今还坚硬无比。从遗物散布面积看，此处窑址生产规模不很大。从采集的器物分析看，烧造时间也不很长，下限为五代。有关专家进一步研究后认为，由于当时开发山区的人口少，加上交通较不便，此处应是一个生产产品以供自用及少量贸易的窑址。

民国期间，德化瓷业学校徐曼亚先生在《瓷史》中谈到，在德化九仙山古庙中，发现一对烛台，烛台上写有唐代的年号，认为德化窑"已于唐代有之"。可惜的是，经过历史沧桑，烛台早已不见，上面写着什么年号，瓷质如何已无从稽考。或许这对唐代烛台就是出自墓林唐代古窑址呢！

美湖乡墓林唐代古窑址中出土的古窑砖、古瓷片及烧瓷用于隔层的支柱和支垫等物，为研究德化唐代窑提供了十分宝贵的资料。尽管德化早期墓林窑瓷成分与宋以后的德化窑瓷胎成分差别较大，这与当时原料的取料地有关，又与当地的瓷土原料的加工和精制技术尚不精良有关。但是，尤为重要的是，先民们在实践中渐渐摸索出适合德化实际的建窑、烧瓷技艺，为宋元时期德化瓷的发展、繁荣兴盛奠定了坚实的基础，在德化陶瓷史上写下了极其重要的一页。

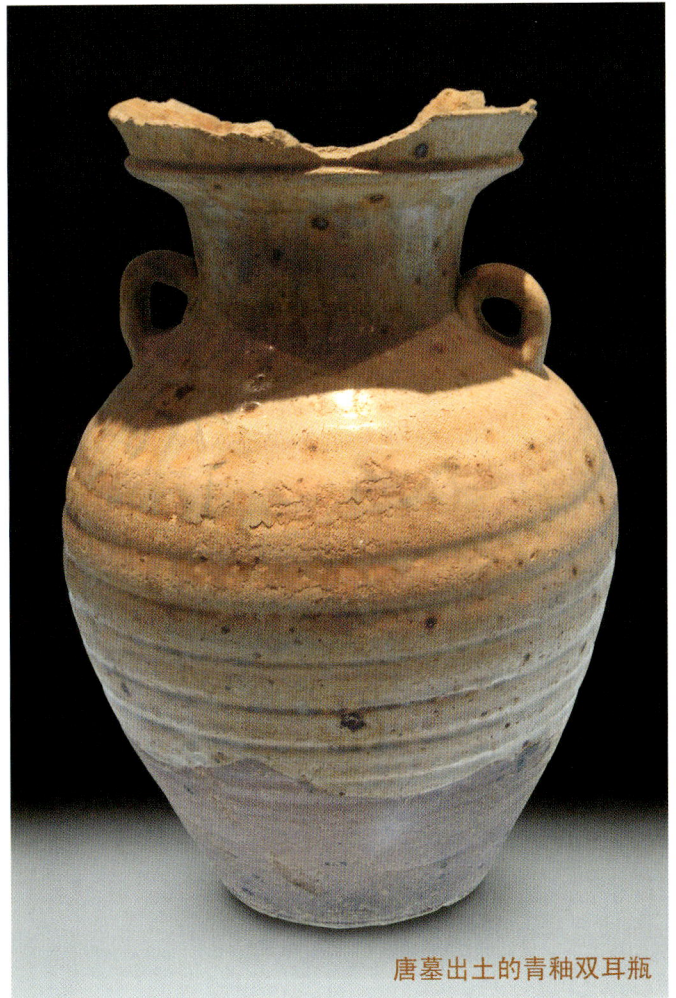

唐墓出土的青釉双耳瓶

宋·青白釉六方菱形印花执壶（"南海一号"沉船出水）

见证"海丝"辉煌的碗坪仑

Gaide Town's
Wanpingcang Ancient Kiln Site Witnessing the Flourishing of "Marine Silk Road"

关键词：龙窑　军持　粉盒
　　　　海上丝绸之路
　　　　瓷龙床　南海一号

说起德化陶瓷史，就不能不提及碗坪仑古窑址，它是德化陶瓷迈出国门、扬帆四海的开端，具有里程碑的意义。

碗坪仑窑位于盖德乡盖德村，距县城约5公里公路右侧的山坡上，周边约1500平方米的范围之内，堆积着厚约2米的匣钵和瓷器的遗存物，系北宋晚期至元朝初年的古窑遗址。1966年2月普查时发现。遗址是一曲尺形小山，高约二十五米。地势北高南低，并由东向南逐渐减缓，东坡较陡，坡度达60度以上，面积约1500平方米。1976年6月9日至7月16日由福建省博物馆、德化县盖德公社文化站以及厦门大学考古专业进行发掘。

发现"德化第一龙"

能到盖德乡碗坪仑古窑址，亲身感受当年德化瓷远销欧洲、亚非的盛况，亲眼看一看那令老外着迷的古陶瓷（哪怕只是碎片也好），用心体会，触摸那遥远的历史，那是多少古陶瓷研究爱好者的心愿。

我们来到碗坪仑时正值夏至，瓷都德化迎来了炎热的夏天，一扫长达两个星期尽是绵绵暴雨的阴霾，毒花花、艳晃晃的太阳晒得两眼晕眩。可能是由于长时间雨水的浸渗，有一些地方出现了小滑坡，触目所及，尽是破碎的瓷片以及匣钵、垫圈等废弃的窑具。瓷片的釉色很丰富，有酱褐色，有青白色，有青灰色，有黑色，有黄色……令人眼花缭乱。

忽然，小水沟旁边的地表上，有四五块瓷片半掩埋在土里，引起了我的注意——青玉般的颜色，青玉般的釉水，积釉处呈现出深浓的青翠色，青玉般迷人。最令人怦然心动的是，碎片上还堆塑有四爪龙的纹饰。连忙将这四五块瓷片拿到一旁的清水洗洗，不禁喜出望外，原来这是花瓶

宋·青釉军持

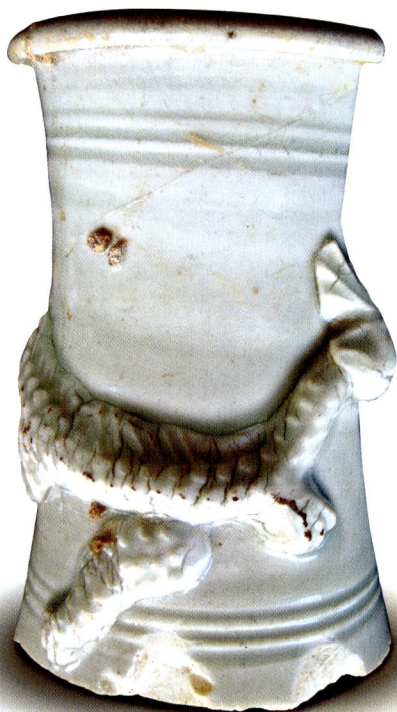

宋·青白釉堆塑龙纹瓶（残）

颈的残片，竟然还能拼凑成一条完整的龙。该瓶颈残高约15厘米，瓶口径约8厘米，瓶口有些变形，呈椭圆形，瓶口外侈，系手拉坯、胎接成型。这一收获实在是出乎此行的意料之外，一条宋代堆塑而成的云龙，有些写意，但相当威武，龙角微向后仰，龙首高昂，嬉戏着火珠，首尾相应。整条龙系用泥条堆附在瓶颈处，再用竹篾刀雕出龙体、龙鳞、龙爪，四爪有力，把龙的威武雄壮刻画得淋漓尽致，堪称"德化第一龙"。细细观赏，断裂处的瓷胎十分的洁白，瓶的胎釉结合十分紧密，在云龙的上下方，各划有两道弦纹，釉汁自然而然地流淌在那儿，显得十分青翠。由于整条龙是用泥条堆塑而成，在窑火的作用下，龙身的许多地方自然开裂，釉与胎紧密结合，裂隙的纹理自然，与龙鳞相得益彰，妙趣天成，别具风格，尤其是龙身、龙爪等积釉处，深浅不一，极好地装饰了瓶颈。

最为重要的是，瓶颈上的云龙不仅体现了德化窑堆塑技艺的高超，而且这是早期德化瓷雕艺术的见证。正是德化瓷工艺人们不懈的探索与努力，为后来德化瓷的装饰技艺，尤其是明代德化瓷雕技艺奠定了坚实的基础。

紧接着，丰富的遗存令人惊喜不断，就在小水沟的附近，又发现了两块胎体很薄、口沿外侈、呈青灰色的碗，口径大致12厘米左右，里外均施釉，不及底，釉质十分均匀且明亮，胎质灰白，致密性不是很好，但其硬度很高，与周围的影青瓷不同，十分的显眼，这应该是由青瓷向青白瓷的过渡。顺着山坡往上，整个山坡随处可见散落的瓷片，有军持的残件、流、碗、盘、瓶、壶、罐、盒的残片，一直延伸到山顶上的农田。此时的碗坪仑，已经是禾苗转青的季节，一畦畦的农田，到处是青葱嫩绿的禾苗。田埂上、田岸边的杂草也被勤劳的农民铲除得干干净净，裸露的地方，到处是白色的瓷片和匣钵之类的窑具，在田头还有一部分比较大块的碗底，以及和窑具粘结在一起的，农民耕作时拾掇起来放在一旁，堆成了几小堆。就在田埂上，发现了一块兼有云雷纹、珠点的大盘，呈青白色，纹饰十分工整漂亮。该装饰手法为"珍珠地划花"，是晚唐兴起于河南密县窑的一种装饰技法，它是借鉴唐代金银器錾花工艺而创制的一种工艺，在划花瓷坯上，于空隙处填刻又细又密的珍珠纹，故名，装饰效果独特。始于晚唐河南密县窑，宋代流行河南、河北、山西诸瓷窑，以河南登封窑产品最具特色。珍珠地划花工艺增强了图案的装饰意味，成为宋代北方民窑中的特殊产品。没想到在德化盖德窑也有此发现，而且技艺十分娴熟，与北方诸窑有所区别，又有着异曲同工之妙，颇感意外，又十分令人惊喜。该技艺发展到清末民初，则转变为珍珠点釉法，成为德化窑釉上彩常用的装饰技艺之一……如此丰富的遗存，成熟的烧造技艺，或许碗坪仑窑址烧造年代还不止北宋晚期，极有可能更靠前。

经1976年的发掘发现，两座龙窑残基和数以千计的标本，该窑分上、下层，代表了两个不同时期的文化，这两个文化层有传承的发展关系。上层窑头、窑尾均被破坏，窑炉残长12米，宽2.60～2.80米，高0.15～0.25米，窑壁用长方形砖砌成，两边有残窑门5处，青瓷和黑瓷共存。出土器物主要以青灰釉瓷为主，影青釉瓷次之，还有酱褐釉、黑釉、黄釉等497件，以碗、盘、碟最多，还有钵、罐、壶、瓶、军持、盒等。器物上的纹饰有牡丹、莲花、菊花、卷草、鱼、鸟、荷花、莲瓣等图案。生产工具27件，有垫圈、垫饼、垫柱、匣钵、筒形垫具、试片(温标)、磨钵和铁刀。还出土14枚铜钱，早至唐代的"开元通宝"，晚至南宋的"建炎通宝"。该层为南宋的文化层，窑炉为南宋的龙窑。

下层有残存的窑头和近似半椭圆形的窑基，长约3.70米，宽1.40米，残高约0.70米。窑头顶部已经倒塌，火腔、通火孔及窑壁保存尚好。出土的生产工具有垫托、托盘、垫柱、匣钵、支圈、垫圈、垫饼、钵模、小碟模、带把模具117件。出土的器物均为白瓷，有碗、盘、碟、洗、钵、壶、瓶、炉、盒等，其中瓷粉盒的数量最多，品质最好。部分器因火候差异呈青白或灰白，乃至牙黄。装烧方法以支烧为主。该层为北宋文化层。

碗坪仓窑的产品，以日用瓷器为主，器形多碗、盘、碟、钵、壶等，形式多样。坯体多采用轮制、模印和胎接成型。上釉技术主要采取蘸釉和荡釉兼用的方法。北宋器物以碗、盘、粉盒的数量最多、盘口特大，花纹富丽而注目。产品造型精致，圈足宽矮规整，胎质薄细，致密如石；釉色滋润、白里泛青。这些以刻花、划花、印花方法制成、线条简洁粗放、流畅明快，装饰方法以莲荷、牡丹、云水、蕉叶和缠枝花为主体，兼有篦纹、菊瓣、葵纹、麦穗、卷草、珠点、鱼、鸟等几十种纹样的瓷器，构图严谨、生动秀丽，表现了宋代瓷器装饰重于写实的特征，也表现了瓷师们较高的工艺水平。南宋碗坪仓的产品，一反故态，改生产青瓷和黑瓷两大系统。除以碗、盘、钵、罐、壶等丰富多样的日用瓷器外，还有新生产的大量造型美丽，形式多样的荷口花瓶和军持。这些产品质坚胎厚、圈足外撇，同类器物形式变化多样，造型端庄持重，釉色青里闪灰，透明如镜，体现了南宋瓷器专重釉色的时代风格。器表多素面。花纹较之前期显著减少，那种图案规整，线条粗放，丰富多彩的纹饰，已为少量划刻粗糙和模印的瘦长莲瓣纹、云水纹和弦纹所代替。新兴的用毛笔书写款识的方法，为后期瓷器

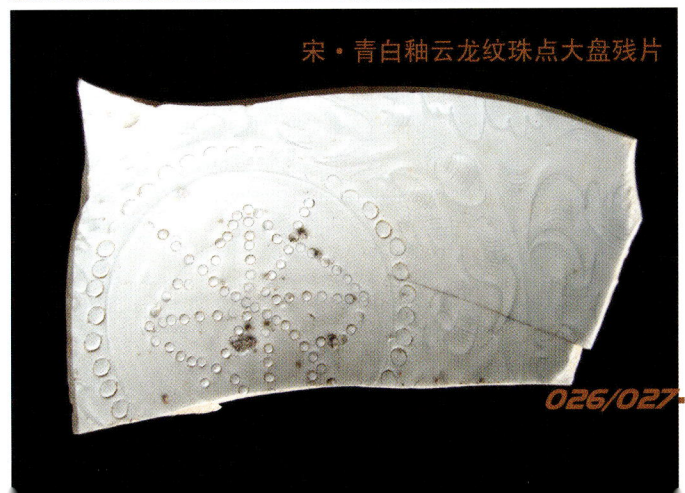

宋·青白釉云龙纹珠点大盘残片

南宋·青釉双耳瓶

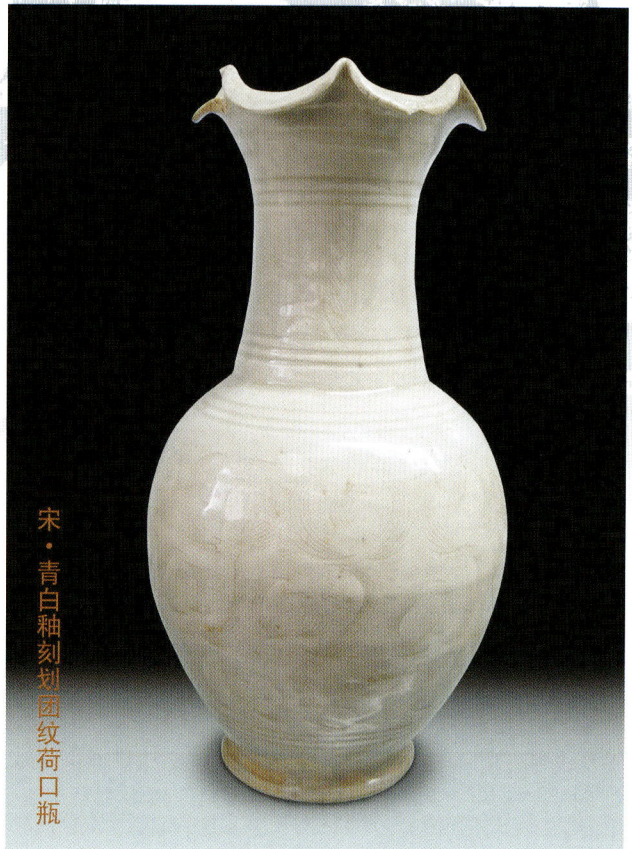

宋·青白釉刻划圆纹荷口瓶

宋·黑釉碗

装饰的多样化开辟了新的途径。

从地表散布和大量出土的垫圈、垫柱、支圈等窑具看，北宋已经使用了匣钵，且以支烧为主，烧法比较简单。其中以托盘和垫托组合的伞形多层粉盒支烧器，造型独特，装坯量大，是迄今为止我国北宋瓷器装烧方法的新发现。其组成和粉盒的装法是：先在窑底平放一件径约15、高约6厘米的垫饼，上置托盘、托盘当中放置垫托、然后在垫托上再放一件托盘，由此依次累迭约6-7层，每层的盘周再放置5-6个大小不同的粉盒。此外，以支圈作间隔器的深腹钵对口烧法，也是福建省首次发现。这些产品不用匣钵装烧，坯釉直接与火焰接触，绝大部分产品釉色透明，白里泛青，说明当时的一定技术水平。但由于窑体小，器形大，胎体薄，瓷坯装烧支点小，以及这一时期火候控制不佳，致使一些器物生烧和二次氧化，一些器物变形粘着和粘有砂粒，反映了烧成技术上的某些缺点。南宋以后，烧法渐趋复杂，

支烧工具减少，匣钵有所增加。尤其是芒口覆烧窑具和支圈叠烧方法的广泛采用，减少了器物的变形和砂粒的粘着，增加了窑炉的装烧量，提高了成品率。除个别器表局部熏烟外。大部分产品釉面玻化程度高，晶莹透亮，特别是不同瓷系的青瓷和黑瓷碗同窑一次套烧成功，反映了南宋碗坪仑瓷师们无论在器物釉料的配方，还是在坯体的装烧和窑温的控制等技术都有了进一步的提高。

出土器物的品种、结构多样，坯体多采用轮制、模印和胎接成型，蘸釉和荡釉兼用。北宋器物的碗、盘、粉盒、盘口特大，造型精致，圈足宽矮规整，胎质薄细，致密度高，质地坚硬。釉色滋润，白里泛青。装饰方法以刻花、划花、印花为主，线条简洁粗放，流畅明快。纹饰以莲荷、牡丹、云水、蕉叶和缠枝花为主体，兼有箆纹、菊瓣、葵纹、麦穗、卷草、珠点、鱼、鸟等几十种，构图严谨，生动秀丽。南宋有青瓷和黑瓷两大系，除了碗、盘、钵、罐、壶等日用瓷外，还有造型美观、形式多样的荷口花瓶和军持壶。这些器物质坚胎厚，圈足外敞，形式变化多样，造型端庄持重，釉色青白闪灰，透明如镜，体现了南宋瓷器注重釉色的时代风格。大多器物没有纹装饰，只有少量刻画粗糙的模印瘦长莲瓣纹、云水纹和弦纹。

瓷龙床的传说

此外，在盖德乡，还有碗洋坑大坂内窑、碗洋坑大坂外窑、宫后头公田仑窑、后坑垄窑、后坑仔窑等5个宋元古瓷窑，均在盖德村。然而，令人百思不得其解的是，就是如此规模宏大的碗坪仑古瓷窑，只延续到南宋就嘎然而止了

（只有碗洋坑大坂内窑、碗洋坑大坂外窑延续到元代）。陶瓷生产所必备的元素是，附近拥有丰富的森林资源、水力资源以及富足的瓷土资源。水力资源，自毋庸多言，盖德溪常年奔流不息的水，至今仍然潺潺地流淌着，为水碓加工瓷土提供了源动力；据近年来的瓷土矿勘探，盖德乡附近仍然拥有较为丰富的瓷土资源。究竟是什么原因呢？

在盖德乡调查时，我们听到了"瓷龙床"这样的一个瓷乡佚事：明朝年间，德化瓷器非常出名，皇帝下了一道圣旨，要德化在百日期限内，烧制出一张瓷龙床作为贡品送进皇宫。县官接到圣旨后，就火龙火马（即十万火急之意）地将圣旨交给当时最为出名的盖德黄氏瓷坊。

黄氏瓷坊的窑头家（即老板）接到圣旨以后，赶紧着手设计、制坯、改建大窑。由于德化的瓷土原料中含钾、钠化合物较高，接近软质瓷，容易变形，据1931年《福建永春、德化、大田三县地质矿产》调查："德化瓷土皆由石英斑石等富含长石之岩石风化而成……德化瓷土，细磨漂净，即可直接制坯，不须调和其它原料，大都较软，故易变形"，而瓷龙床又长又厚，烧成时变形的变形，软作一团的软作一团。经研究后又改分件烧成，然后合拼成床，但是那些大件的照样变形，根本没办法拼成一张完整的瓷龙床。

就这样，耽误来耽误去，不觉得百日期限已到，窑头家无法将瓷龙床送进皇宫。皇帝翻脸不认人，以抗旨问罪，一级压一级，最后将责任归在黄氏窑主。朝廷就派官兵把黄氏抄家灭族。官兵来到盖德，见人就杀，一日间，盖德黄姓家族都做了刀下鬼，只有一个尚未出嫁姑娘，出外探亲才幸免于难。

此时，有一个叫李伦的泉州游客正好来到德化，听到这场惨杀，就到盖德看个究竟。只见满地横尸血泊，一个少女伏在血泊中嚎啕大哭。李伦看她可怜，十分同情她无依无靠，就帮她收埋尸体，后来结成夫妻。就此，李伦成为盖德李姓的开基祖。

当然，传说归传说，仔细考究，与现实颇有出入：第一，盖德窑火止于元代，时间对不上号，而非明朝年间；其二，李姓，早在明代之前，就在盖德繁衍，开基立业了。尤其是随着宋代沉船"南海一号"的打捞出水，就发现有书写"李立"字样的青白釉大碗。但是从这个传说中，我们不难看出德化陶瓷昔日的辉煌，宋元时期德化白瓷负有

盛名，并有瓷塑佛像进贡朝廷，得到帝王赏识，据《安平志》载："白瓷出德化，元时上供。"

其实，盖德窑火的熄灭，应与宋元交替、战乱频繁、烽火连天有着莫大的关系。宋朝末年，德化出了两个大名鼎鼎的抗元义士，苏十万（1230–1280年），倾家资充军饷，募集义兵，矢志匡扶宋室，兵败退回德化，利用山区丛林茂竹复杂地形层层设防，继续抗击元军。后因兵穷无援，在七台山水府被围，混战阵亡。陈蔚（约1250～1276年），弃文习武，研读兵书，练习骑射，与其堂弟陈显于龙山石鼓寨等为据点，招募义士，聚众练兵，与苏十万义军互相呼应。南宋德佑二年（1276年），陈蔚率义军赶至福州保驾，被授为福建路都统使，敕封忠义都督，领勤王义师与

青白釉喇叭口大碗（李立）

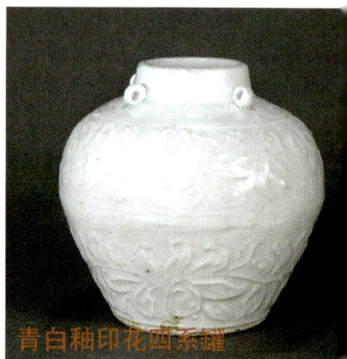

青白釉印花四系罐

元军激战。陈蔚所率义军英勇善战，屡破元军，但终因寡不敌众而战败……元军在镇压义军的同时，对百姓滥开杀戒，动辄屠城灭镇。兵火之外，自然灾害频频。试想，在兵荒马乱、朝不保夕的年代，人们四处逃避战乱，谁还有心思去制作生产陶瓷呢！

见证"海丝"盛况

盖德窑的辉煌，还不仅仅作为供品进贡朝廷，更大的荣誉还在于以盖德窑场为代表的德化瓷是当时"海上丝绸之路"最主要的贸易品之一。德化陶瓷是古代东西方文明交流最主要的历史见证之一。

尽管德化县地处闽中屋脊的——戴云山区，但是，与之相邻的永春县，早在宋开宝二年（970）以来，知县林滂率众桃溪相继凿通了马甲、山门、滑石、西涵等滩，永春与泉州"互通舟楫"。千百年来，德化的陶瓷正是通过肩挑经高阳、铺仔、草坡、虎豹关、剧头铺至桃溪，再顺流而下至泉州港，最后扬帆出海、享誉海内外的。据有关记载：明嘉靖间（1522-1566），载重数吨的南安、泉州木船可直达桃溪中游的石鼓潭。永春至泉州的水上运输出现了一片繁忙，单"东关的木船增加到一百艘"，新形成的东关铺，单屠户就有18家。清代以后永春县五里街一带更成为大田、德化、永春同沿海物资交流的集散地，大量的德化瓷，源源不断地通过桃溪转运至泉州港，输往各地。

碗坪仑窑出土的军持、粉盒、瓶类等器物，在古代"海上丝绸（瓷）之路"上沿途的国家和地区均有发现。据《福建省德化碗坪仑宋瓷窑址发掘简报》介绍：在出土瓷器的内壁和底部出现的不少，"林"、"林立"、"李立"、"三卿"、"张逅"、"后山"、"颐草堂先生雕造工夫"等凸印和墨书款识，很可能是生产者的产品记号，颇具有民间窑业的特点。标有"颐草堂先生雕造工夫"款识的精

碗坪仑坡顶一角

釉印花四系罐　　　　　　青白釉印花瓜形罐　　　　　青白釉印盒　青白釉罐盖（均为"南海一号"沉船出水）

美果盒出现，反映了此窑产品在社会上所享有的声誉。宋代是我国对外贸易非常繁荣的时期。德化古瓷窑分布广泛，产量丰富，生产的目的显然不是专供当时人民的生活需要，应有外销任务。有关资料证实，碗坪仑出土的灰青釉仰覆莲瓣纹军持，下层周边印有瓜棱纹和直道纹粉盒，以及腹部凸印有莲瓣纹的青白釉小花瓶，在菲律宾等地都有出土。上层出土的瓶以及军持的造型和釉色，都与韩槐准在《南洋遗留的中国古外销陶瓷》一书所介绍雅加达博物院宋瓷图版相同，特别是专供外销东

"南海一号"沉船考古工作人员在对光照德化窑印盒底

南亚各国的重要产品——军持的存在，证明碗坪仑无疑是一外销瓷窑址。它的发现，对于研究中外经济、文化交流和友好往来的历史，又一次提供了新的实物例证。

　　2007年12月27日，作为迄今为止世界上发现的年代最早、船体最大、保存最完整的古代远洋贸易商船，荣耀加身的"南海一号"正式出水。2002年3月以来，国家水下考古队从"南海一号"中先后打捞出4000余件名贵瓷器，包括青白釉六方执壶、青白釉四系罐、青白釉印盒、青白釉花瓣口卷草纹碟等。从打捞上来的物品看，"南海一号"是外销的商船，装载的瓷器主要汇集了当时著名的四个窑系：福建德化窑的青白瓷、磁灶窑的瓷器及江西景德镇的影青瓷、浙江龙泉的青瓷。如果按个体数量计算，目前出水的"南海一号"瓷器中以来自德化窑的产品数量最多，形态也最为多样，个体较大的有大口碗、盖碗以及球腹、瓜棱和六棱形执壶等，小型器物包括各式盖盒、罐和瓶等。为此，国家水下考古研究中心主任张威曾亲自赶到瓷都德化详加考证，并亲自到盖德碗坪仑古窑址考察一番，证实"南海一号"沉船中的德化窑青白瓷就有一部分产自盖德窑。

　　"南海一号"出水的德化窑青白瓷中，有印盒、印花四系罐、印花执壶、喇叭碗、小瓶、葫芦形瓶等，由于德化

当地的"高岭土"含铁钛等杂质成分少，洁白细腻，氧化硅、氧化钾含量较高，烧出的瓷器玻璃相较多，透光度特别好，对着阳光可以映见指影，釉色显得格外纯净，釉面晶莹光亮，色质如玉。

　　北宋时代以碗坪仑窑为代表的德化窑场，其制瓷工艺已采用轮制、模印和胎接成型的技术。以龙窑大量烧制青瓷、青白瓷和白瓷的各式碗、盘、杯、碟、瓶、罐、壶、粉盒、洗、花瓶等日用生活器皿。产品造型精致，圈足宽矮规整，胎质薄细，致密坚硬，釉色滋润，白里泛青，富有光泽感。

　　宋元时期德化窑器物的装饰技法和装饰艺术已经达到了技术娴熟、匠心独具的境界，这一时期德化窑器物的装饰方法，使用刻花、划花和印花等装饰方法，于瓷器表面饰以莲瓣、牡丹、云水、蕉叶、缠枝花卉等花纹以及篦纹、菊瓣、葵纹、麦穗、卷草等几十种饰纹，花纹细致工整、优雅精巧、多种多样。宋代德化窑青白瓷胎质致密坚硬，釉色纯净温润，釉面晶莹光亮，纹饰简练清晰，刻、划、篦等纹饰线条流畅而活泼，达到了相当高的艺术水平。

火道
〈火膜内〉

火膛

气势恢弘的外销瓷窑

Ancient Kiln Sites of Zulong Palace and Qudou Palace
in Baomei Village, Longxun Town Witnessing the Porcelain Export Period

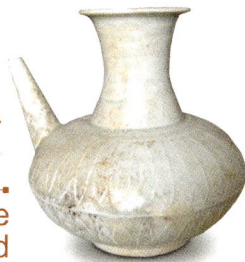

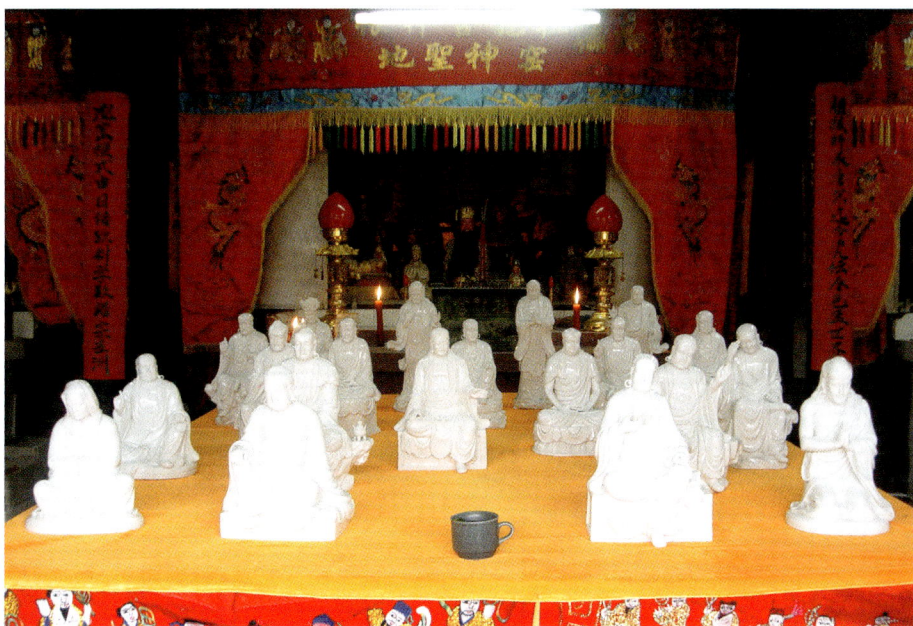

关键词：窑神　祭奉仪式　鸡笼窑
青白瓷　军持

2006年9月13日，中央电视台国际频道（CCTV4）与福建省广播电视集团、台湾BSTV联合举办的《海峡西岸行》大型直播活动就在闻名遐迩的祖龙宫举行。

祖龙宫，之所以名满天下，其原因有二，一方面，这里不仅是宋元明时期的古瓷窑，至今地上还遍布有洁白的瓷片，其洁净、雅致，令人疑为走入瓷场，各式各样的瓷片随处可见，当年烧制青白瓷的宏大规模，可想而知。更为重要者，这里还是供奉窑神林炳的宫庙。

德化著名的陶瓷艺术大师邱双炯带着弟子们，捧着刚刚新鲜出炉的陶瓷艺术精品——瓷雕《五百罗汉》，虔诚地来到祖龙宫，举行盛大的祭奉仪式，以纪念窑神——林炳的丰功伟绩。

在《海峡西岸行》拍摄现场，记者们为德化瓷精湛的烧制技艺所折服，他们沉醉于瓷光釉色之中。工作之隙，记者们纷纷举起手中的相机，拍个不停，并好奇地问这问那，向陶瓷艺术大师讨教陶瓷的制作秘密。

每年的农历五月十六日，是这座位于宝美村境内的祖龙宫一年中最热闹的时候，这一天正是祖龙宫供奉的窑神林炳当年受朝廷敕封嘉奖的日子。独特之处是祖龙宫的奉祀方式。每逢宫里举行奉祀庆典时，参与奉祀的不是一般的善男信女，而是那些从事陶瓷业的大、小老板；他们奉祀的供品并非是人们常见的美味佳肴，而是陶瓷厂家新开发并获得订单的产品，或是陶瓷艺人新创作并获奖的艺术品，一则纪念林炳为光大瓷业所作的巨大贡献，二则祈愿自己在来年的陶瓷生产制作中能够顺利如意。这种不流于俗套的奉祀方式在全国各地的庙宇中大概是绝无仅有的。祭礼的民俗文化活动也独具特色，在祖龙宫前舞龙的龙身不是布料做成的，而是先用竹篾编扎成龙身骨架，再捆上稻草，插满点燃的香火，窑坊公诞辰之日恰逢明月当空，这种香龙（亦称草龙）犹如一条火龙，在宫前迎舞，场面十分壮观。相传这种香龙最多达到一百零八节，只是解放后失传了，成了乡里老人的美好记忆，年轻人的想象。

林炳所处的年代为距今已900多年的北宋时期。是时，德化瓷业已初具规模，陶瓷作坊遍布乡里，德化瓷大量涌入国际市场，畅销国外，成为当时"海上丝绸之路"最主要的贸易品之一。

两宋时期，朝廷因财政困难，"一切倚办海舶"，并奖励外贸，在广州、泉州设置了市舶司。宋哲宗年间，为了弥补国库亏空，朝廷调整了贸易政策，规定："凡购买外国货，均以帛、绵、瓷、漆等特产博易，不用金、银、铜币。"于是，全国的陶瓷出口因此猛增。据宋人朱彧写的《萍洲可谈》记载："海舶大者数百人，小者百余人，以巨商为纲首。……舶船深阔各数十丈，商人分占贮货，人得数尺许，下以贮物，夜卧其上。货多陶器，大小相套，无少隙地。"呈现一派繁忙的景象。据宋代《诸蕃志》记载，从泉州输出的陶瓷远销二十四个地方。

德化县作为主要陶瓷生产地之一。虽然是瓷窑遍布，但由于瓷窑都平顶方形、容量很小的鸡笼窑，生产远远不能满足需要。就是在这样历史大背景下，林炳首创的大型窑炉应时而生。他设计发明的圆形窑炉不仅容量扩大了十几倍，还由于设计了烟囱拔焰消烟，热度倍增，烧制的瓷器更显得洁白、剔透。就在距离祖龙宫不远的屈斗宫古窑就是根据这种圆顶窑改进而成。

关于林炳建成大型窑炉，还有一个美丽的传说。传说林炳最初尝试拱窑都不得法，高温窑火一冲便塌顶，屡试屡败，使他非常苦恼。有一天晚上，在再次倒塌的窑炉旁边，林炳苦苦思索着窑炉塌顶的原因，疲劳得不觉昏昏睡去。梦境中，他看到有一位祖胸露乳的仙女飘然而至，用手指着自己的胸部频频示意，然后隐没在云霞之中。醒来后，林炳细想玄女的指点突然有所领悟，于是将窑房砌成乳房一样的圆拱形大窑(亦称鸡笼窑)，两旁再砌小奶窑(亦称狮耳)护住主窑房，这样烧窑时就不再塌顶了，而且烧成的瓷器质优量多。后来，林炳又利用山坡地形，把几个窑房串连起来，这样既能充分利用热能，增加产量，又能使窑体更加牢固，也为此后发展演变成龙窑奠定了基础。为了感激玄女"指点"的恩德，瓷乡人按照林炳梦中的英姿塑造了玄女像，建宫奉祀，并尊虞圣大帝(即舜帝)为瓷业圣神。

当然，传说的真伪已无从考证，但可以确信的是，林炳首创的大窑炉在当时产生了巨大的影响，据史载是"震动朝野"。林炳因此被朝廷敕封为"烧成革新先行"的称号，而那位指点迷津的仙女，也被敕封为"玄女夫人。"一时间，林炳的大名广为传播，各地纷纷请求学习他的建窑技艺。这样，在当时泉州知府的授权下，德化开办了第一所瓷庠，即类似于今天的陶瓷学校。由林炳亲自到瓷庠传授技艺，现场指导。当年的瓷庠就是现在的祖龙宫。

随着中外文化交流的进一步加深，德化制瓷和烧窑技艺远传至越南、日本、伊拉克、波斯(伊朗)、意大利、法国等国家。南宋嘉定十六年(1223年)，日本人加藤四郎随禅僧道元入宋，专程到福建德化窑学习建窑、制瓷技术，回国后在濑户烧制，为日本制瓷的核心技术开辟了新纪元。

我们不知道林炳在这间瓷庠讲授了多长时间，只知道某一年的某一

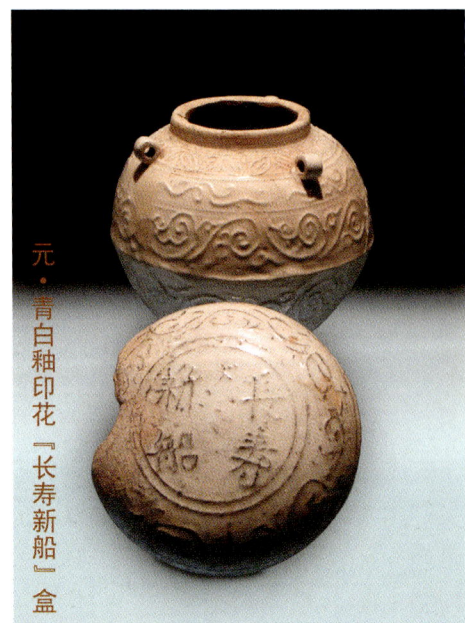

元·青白釉印花「长寿新船」盒

屈斗宫古窑址发掘现场

天，他离开了家乡，到江西省继续传经授业。这一去就再也没回来过。据说是积劳成疾、客死他乡了。家乡的人们怀念他，就在他曾经执教的这间瓷庠里塑造了一尊塑像，世代供奉，以颂扬他为瓷业发展所作的无上功德，并将其尊称为"窑坊公"。后人对林炳的贡献不断有更深的认识，最后瓷乡人认为林炳是使用最普遍的定形窑——龙窑的革新者，故定名为祖龙宫。事实上，在林炳去世后的数百年间，这座瓷庠一些松散的瓷艺讲习与研讨也从未间断，依然是薪火相传，在不同的朝代继续发挥着它的影响。

在祖龙宫周围的地面上，触目所及的依然是静静躺着的洁白的瓷片，有宋元时期的青白瓷，还有享誉海内外的明代德化"中国白"瓷。那些散落在那儿的瓷片，似乎在昭示着当年德化陶瓷业的辉煌。而当你踏上这片土地时，你会小心翼翼地尽量避开脚下的瓷片，生怕惊醒了这些落入尘世间的精灵，但这一切都是徒然，那散落的瓷片实在太多了，谁都无法去回避她……

如今，站在这座并不算高大的宫庙前，我们很难想象当年那一批又一批来自不同地方的学员们在这里进进出出的情景，但确确实实，就是这座不起眼的小瓷庠，影响了近千年来整个中国乃至整个世界的瓷业发展。

随着时代的发展变迁，当年广为流传的这种需要耗费大量木柴为燃料的瓷窑如今已被淘汰，取而代之的是以电、液化气为燃料新型瓷窑。这意味着窑神林炳当年苦心孤诣研究设计的窑炉历经千年的漫漫岁月，终于完成了它的历史使命，从此退出了瓷坛。但是人们对窑神林炳光大瓷业的那一份感戴与崇拜却并不因此有丝毫改变，每年的农历五月十六，人们依然不忘到这座祖龙宫来奉祀一番。

在窑神林炳及玄女的神位前，摆满了人们精心创作的各种瓷器，除了那些传统的瓷雕作品外，甚至有人将那些琳琅满目、五彩缤纷的西洋工艺瓷也摆到了桌上，其实，这也从一个侧面反映了德化蓬勃、繁荣的瓷业的现状。想来窑神林炳如果泉下有知，他的后人们如今正在开创着一个前所未有的陶瓷生产出口的繁荣局面，那么，他定当是含

笑九泉了。

与祖龙宫紧密相依的就是名满天下的全国重点文物保护单位——屈斗宫古窑址。这是一处宋元时代的古窑址，因当地村民为纪念南坡小路边的"奎斗宫"而得名，位于德化县龙浔镇宝美村破寨山西南坡上。1953年为华东文物工作队考古调查发现。1956年，被学术界誉为"中国陶瓷考古之父"、"中国田野考古先驱"、龙泉青瓷遗址发现者、时任北京故宫博物院古陶瓷研究部主任的陈万里先生等对该窑再次进行调查。此后中央、省、地、县等有关单位又多次复查。1961年，经福建省人民委员会批准，颁布为省级重

座落在破寨山上的屈斗宫古窑址

南宋·青釉执壶

元代·青白釉印花「金玉满堂」盖盒

元代·白釉蒙古人头像纹洗

点文物保护单位。

1976年4月，福建省博物馆、厦门大学历史系考古专业、晋江地区文物管理委员会联合组织发掘，该窑址东西宽约300米，南北长约150米。不同类型的器物标本6793件、生产工具800多件，标本大部分为残件，仅少部分为完整件。为依山坡而建的分室龙窑遗迹（俗称"鸡笼窑"），全长57.1米，宽1.4～2.95米，分17间窑室，坐北朝南，偏西15度，坡度在12～22度之间。

1980年7月26-27日，英国首任驻华大使约翰·曼斯菲尔德·艾惕思（著有《菲律宾出土的中国瓷器》）专程到德化参观，并深入到屈斗宫古窑址考察，他惊叹道："宋元时代像屈斗宫生产规模这样大的窑，还是第一次见过，特别是窑址中出土了大量的外销瓷，证实宋元时期德化县是全中国瓷器生产的中心之一。"

屈斗宫窑的窑头火膛和窑床保存完好。火膛呈半圆形，狭小，与窑床交界处，有5个通火孔，略显喇叭状，每孔宽0.12～0.17米。窑体宽大，窑室呈长方形，两边留有火路沟。窑室两边墙壁下各有一条火道直通窑尾，窑后避开有烟孔，没有烟囱，大概是由于坡度加大后，无需再立烟囱以加大热量的流通。室与室之间有隔墙（也称挡火墙），能够挡住部分上吸的热气流。使窑室内的压力变为正压，气氛和温度易于平均。窑室底部倾斜，有分间（或室），但不分级。窑底上铺石英细砂，砂上放置匣钵垫或托座。护墙在两个窑门之间，窑门设在窑室的前端，东面11个，西面3个，门宽0.4～0.8米。

窑基尚存14个窑门，其中，东边11个，西边3个，门宽0.4～0.8米。窑墙用耐火砖砌成，高约1.4米，窑身两壁外有护墙，建在两个窑门中间，俗称"窑乳"，多用石头和泥土为材料筑成，用以防止烧窑时突破爆裂。窑顶全部坍塌，从出土的模形砖推断，窑顶为拱形。它既不同于龙窑，也不同于阶级窑，是由龙窑发展为阶级窑过渡中出现的一种独特的窑炉类型——分室龙窑（俗称"鸡笼窑"）。这种窑的优点，是将龙窑分隔为单间，更便于掌握火候，以保证烧制质量。

屈斗宫窑址出土的生活生产工具有印制铜锣盘、小盘、直道纹洗、莲瓣纹碗、缠枝纹盒、军持印模，有制坯和修坯用的转盘，敲开匣钵的铁窑刀，以及匣钵垫、支圈、莲瓣纹碗、托座、垫底饼、垫圈等。

屈斗宫窑出土的瓷器都是白釉和青白釉瓷器，胎质洁白、

屈斗宫古窑址

细腻、坚硬。白釉晶莹温润，有的呈乳白色，纯净莹润，洁白美丽，接近于明代的象牙白瓷；青白釉呈水清色，釉层厚处略显淡绿，极富光泽，有淡雅清真的感觉。出土的器物有碗、盘、碟、壶、罐、瓶、洗、盂、盒、高足杯等十余种。器物的釉色可分为两种：一是近乎影青系的白釉，洁净滋润；一是纯白釉。装饰方法有印花、划花、贴花、浮雕等。纹饰有弦纹、卷草纹、篮纹、云纹、直道纹、篦纹、钱纹、莲瓣纹等，还有莲花、梅花、葵花、菊花、牡丹等花卉。有的还用吉祥文字加以点缀，如"福"、"寿"、"卍"、"般"、"金玉"、"金玉满堂"、"寿山福海"、"长寿新船"等。有的器物底部还刻印物主姓氏或纪念内容等文字，如"郑"、"曾"、"贤君"、"三十夜月再得圆"、"只皮"、"小心"、"后"等。其中"卍"与"般"字与我国悠久的佛教文化有着密切的关系。

特别值得一提的是出土器物中，有三件洗底部模印蒙古人头像，戴圆形毡帽，面部无须，身着长袖袍。另有两件三足垫饼，模印三字阳文，其中一为汉文"天"字，另两字分别为梵文和八思巴文，意思与汉字"天"字相当。八思巴文是元世祖忽必烈命西藏喇嘛教萨迦派首领、国师八思巴根据藏文字母创作的蒙古新文字，至正六年（1269年）正式颁行。这些模印蒙古人头像的器物，正是德化白瓷步入皇宫贵族殿堂最有力的物证之一，进一步印证了《安平志》的记载，"白磁出德化，元时上供。"

屈斗宫窑中出土的军持、盒、小瓶、飞凤碗、执壶、弦纹洗、高足杯、瓷壶等器物在国外均有发现。其中，军持主要作为水壶，对宗教、行军和日常生活方式的改进曾起过重要的影响。冯先铭在《新中国陶瓷考古的主要收获》中指出："屈斗宫窑的标本在国外都有发现，证明宋代曾大量外销。"

屈斗宫古窑址对研究宋元时代的瓷业生产规模、窑炉发展、烧制工艺和瓷器外销具有重要的价值。1981年10月，屈斗宫古窑址被编入《中国名胜辞典》。1988年1月，经国务院批准，屈斗宫窑址连同龙浔、浔中、三班、盖德4个乡镇宋至明代的窑址一同列为全国重点文物保护单位。

元·青白釉印花小瓶（又称"马可波罗瓶"）

佳春岭上瓷尤香

White Porcelain Producing in Jiachunling Ancient Kiln

关键词："海上丝绸之路"　　马可·波罗
porcelain 青白瓷

宋元时期是我国对外贸易的重要时期，是陶瓷外销的重要时期，是刺桐港（即泉州港）的黄金时代。是时，刺桐已发展为东方第一大港，也是当时世界最大的贸易港之一（另一为埃及的亚历山大港）。港口每每停泊有"大舶百艘，小船不可胜数"。印度、阿拉伯等地蕃客云集，素有"云山百越路、市井十洲人"、"涨海声中万国商"之誉。据南宋执掌泉州市舶司的赵汝适所著《诸蕃志》记载，泉州陶瓷销售到现属菲律宾、印度尼西亚、马来西亚、越南、斯里兰卡、印度、坦桑尼亚等35个古国及其属国。元代大旅行家汪大渊所著的《岛夷志略》记载又有发展，除上述国家外，瓷器还外销至文莱、新加坡、帝汶、泰国、柬埔寨、孟加拉、缅甸、伊朗、沙特阿拉伯、埃及等58个古国及其属国，分属而今的亚洲、非洲各地，对外贸易达到全盛时期，"宋末荷兰人由福建贩运瓷器至欧洲，价值每与黄金相等，且有供不应求之势"（冯和法《中国瓷业之现状及其贸易状况》），"若欲船泛外国买卖，则自泉州便可出洋"（南宋吴自牧《梦梁录》）。德化瓷大量外销正是得益于刺桐港的空前发展。大量的德化瓷从刺桐港顺着"海上丝绸之路"进入国际市场，成了当时"海上丝绸之路"最主要的贸易品之一，外销瓷在德化窑瓷器生产中占有主要地位。

西方人认识瓷器，首先从远足中国的威尼斯商人——马可·波罗那部奇妙的回忆录《马可·波罗游记》开始。《马可·波罗游记》于1298年问世，再现了东方的强大、繁荣和财富，较为详尽地记载了中国瓷器最基本的制作方法。在那本书中，他描述了那些"使人希望拥有的最美丽的瓷器盆子"。

元代意大利著名旅行家马可·波罗曾游历我国各地并顺运河而下，到达扬州、苏州、杭州以及福州、泉州等地。他在《马可·波罗游记》中记述了当时德化窑生产瓷器的情况，"刺桐城（泉州）附近有一别城，名称迪云州（Tiungug，即德化），制造碗及瓷器，既多且美。除此港外，他港皆不制此物，购价甚贱"，盛赞德化"瓷市甚多"、"制作精美"、"购价甚贱"，并把德化瓷器带回意大利。由于德化瓷是马可·波罗最早介绍，并带回欧洲，故又名"马可波罗瓷"。

提起瓷器（china），许多人会认为与江西盛产高岭土的"仓南"有关。其实不然，在西方，瓷器叫"porcelain"，称瓷器为"china"则是清代以后的事儿了。"porcelain"这个词在亚里士多德时代是"贝壳"的意思。早在元代，德化那洁白如"贝壳"的瓷器，就与"Porcelain"英文单词紧密相关。

1275年，马可·波罗来到中国，他一路行走，走遍了大半个中国。1292年，马可·波罗等六百余人护送蒙古公主阔阔真去波斯（今伊朗），来到了福建泉州，分乘十四艘帆船，由刺桐港（今泉州港）扬帆启航，他在泉州逗留期间，

元·青白釉印花盖盒

元·白釉印花小瓶

来到了德化县，书中这样记载说，从福州出发，经过四五天的路程，"抵达宏伟秀丽的刺桐城（Zai-tun，今泉州），在晋江支流的地方屹立着廷基城（冯承钧则译作'迪云州'（Tiunguy），即现在的德化）。"并说："这里除了制造瓷杯或瓷碗碟，别无其它值得注意的地方。这种瓷器的制作工艺如下：他们从地下挖取一种泥土，将它垒成一个大堆，任凭风吹、雨打、日晒，从不翻动，历时三、四十年。泥土经过这种处理，质地变得更加纯化精炼，适合制造上述的各种器皿。然后抹上认为颜色合宜的釉，再将瓷器放入窑内或炉里烧制而成。因此，人们挖泥堆土，目的是替自己的儿孙，贮备制造瓷器的材料而已。大量的瓷器在城中出售，一个威尼斯银币能买到八个瓷杯。"马可·波罗的记载给我们提供了元代德化瓷业生产的轮廓：一是生产规模大，"磁市甚多"；二是资质精美；三是价格便宜，很受国外的欢迎。游记中所述的当时瓷器的生产方法和炼泥的经过，如果不是亲眼所见是不可能记述得如此详尽的。成书于明崇祯丁丑年（1637）被誉为"中国17世纪的工艺百科全书"——《天工开物》。在《陶埏》篇中详细介绍了烧造瓷器要经过取土、制坯、上釉、装窑等四道工序，马可·波罗亲眼所见的那些步骤完全可以分别纳入到这四道工序中去。更有意思的是，精美的德化瓷胎质细密坚致，釉质莹润明亮，呈半透明状，究竟是用什么东西制造而成的，这令他百思不得其解。他见德化瓷器洁白似"贝壳"，便怀疑为"贝壳"粉所造，于是就将德化瓷叫做"贝壳瓷"，并且使用了"porcelain"这一美如贝壳的别称来命名德化瓷器。正是由于马可·波罗的命名，"porcelain"正式成为瓷器的英文单词。

无独有偶的是，比马可·波罗晚半个世纪的北非摩洛哥大旅行家伊本·白图泰（1303—1377年），于顺帝至元六年（1346）6月到中国游历，从刺桐港（即泉州港）登陆，南下广州，再返泉州，接到元皇帝的邀请后于1346年10月或11月间离开泉州，乘一条豪华的官船沿京杭大运河北上元大都。1349年秋，伊本·白图泰顺京杭大运河沿原路返抵泉州，后乘船赴菲律宾，结束了他的中国之行。在泉州停留半年期间，他在游记中是这样描述泉州城的："我们渡海到达的第一座城市是刺桐城"，"这个港口是一个伸入陆地的巨大港湾，以至于大

江汇合。"这个巨大的港湾就是泉州湾，于泉州湾汇合的大江就是晋江。他还说"该城的港口是世界大港之一，甚至是最大的港口。我看到港内停有大艚克约百艘，小船多得无数。……该城花园很多，房舍位于花园中间。"最令人关注的是，他还记述了中国瓷器大致的工艺流程，他《中国瓷器》专题写道："至于中国瓷器，则只在刺桐和隋尼克兰城(即广州)制造"。又说"系取用当地山中的泥土，像烧制木炭一样燃火烧制。其法是加上一种石块，加火烧制三天，以后泼上冷水，全部化为碎土，再使其发酵，上者一整月，但亦不可超过一月；次者发酵十天。瓷器价格在中国，如陶器在我国（摩洛哥）一样或更为价廉。这种瓷器远销印度等地，直至我国马格里布。这是瓷器种类中最美好的。"文中虽没有直接提及德化，但毋庸置疑的是，当时泉州的陶瓷产品，大部分产自德化窑。耐人寻味的是，伊本·白图泰对陶瓷制造的描述与马可·波罗的所见所闻如出一辙，若非亲眼所见，是不可能描述得如此翔实的，且伊本·白图泰在泉州居住长达半年之久，这一期间，他到德化考察的可能性极大——这有待于今后的进一步考究。

我的家乡就是三班镇，佳春岭是每次回家的必经之路。可是从来没有注意过，这里竟然掩埋着一个令外国旅行家叹服不已的古瓷窑，直到开始编撰《德化青花五彩瓷全书》和《"中国白"——德化白瓷鉴赏》后，开始陆陆续续对德化古瓷窑有了一个全新的认识。

1980年7月26-27日，英国首任驻华大使、古陶瓷研究专家约翰·曼斯菲尔德·艾惕思（著有《菲律宾出土的中国瓷器》）专程到德化参观、考察。据艾惕思证实，至今意大利博物馆还保留一件马可·波罗当年带回的德化佳春岭窑的青白釉小花插作品。能让元代大旅行家马可·波罗盛赞不已的，竟然就是产自佳春岭这一处不太为人们所注意的古瓷窑。

佳春岭古瓷窑引起了我莫大的兴趣。

那次回家路过佳春岭古瓷窑，特地停了下来，第一次零距离地接触佳春岭古瓷窑。

佳春岭古瓷窑位于古代瓷业繁盛的德化县三班镇桥内村，窑炉坐落在桥内村通往岭头村路旁的两座小山中间的山坳里，沿山坡依山而建，从结构和走向上看，该窑应为龙窑，且与当时浔中、盖德一带盛行的龙窑同属一种类型。遗址南面有一条小溪，自西向东流过。堆积层范围较大，面积约2500平方米，是一处宋元时期外销瓷的重要遗址。其始烧和停烧年月尚缺乏文字记载和考古资料的论证，但据该窑址地表的考古调查研究，许多器物与盖德碗坪仑窑下层出土的相似，甚至与"南海一号"沉船的出水瓷一模一样，因此，佳春岭窑始烧于北宋是可能的。

一次次地路过、一次次熟视无睹的佳春岭古窑址，就掩蔽在密密的杂草中，洁白的瓷片半掩埋在地上，十分的引人注目。大量的支座、支圈、垫圈、垫饼、垫底匣钵及青瓷、青白瓷片随处可见，或半掩在土里，或直接嵌粘在匣钵上。从碎瓷片看，佳春岭窑生产的器物以日用和部分外销器型为主，主要有粉盒、碗、小花插、花瓶、壶、洗、罐等日用品，其中军持壶为典型的外销瓷器型。这里的瓷土似乎特别软，废弃层上，特大型号的粉盒底、盖大多变形，直径达20余厘米，瓷质特别的好，映日可见指影。该窑址器物的主要特征是：洗、碗均芒口，碗外底和近底处露胎，碗呈实足；釉色多为白或青白，施釉均匀，釉层薄，胎釉结合好，有些器物胎壁薄，釉面莹润光洁，玻璃质感强；器物内外时有釉下图案，或模印或刻划，主要纹饰以缠枝纹、直道纹为主，还有花草纹、云纹、莲瓣纹、水坡纹、朵花、螺旋纹等图案，有的碗和洗的内底心用阴刻精细的龙纹或凤鸟纹；胎白，质坚，质地坚密，胎薄，有些火候不足略显深黄。在地表上，碰巧有一小截花瓶口，两边还堆贴有兽头作装饰，其釉水十分滋润纯净，应是元代青白瓷向明初白釉瓷的过渡，若不是在这里的窑址上发现的，很多人会以为这是明代的德化白瓷呢！

　　元代之所以能烧制出如此洁净的青白釉，与元朝时期"国俗尚白、以白为吉"的风俗不无关系。皇帝骑白马，著白色长袍，住白色蒙古包；佛教仪式时，皇帝宝座上撑起白色华盖；顺理成章，白色瓷器为元宫廷首选。佳春岭窑如此洁净滋润的青白瓷，或许就是前人从洁白的羊毛和凝脂的乳汁中"悟"出的灵感。《安平志》载，"白磁出德化，元时上供。"德化白瓷自此步入皇宫贵族的殿堂，所倚靠的，也正是德化白瓷质地洁净、釉水滋润的特性。元朝虽创烧出了青花瓷，但仅作为"外销"而出口，受到中亚及欧洲的一些地方人们的喜爱，"国人"并不以之为贵。

　　2002年10月，中国古陶瓷学会名誉会长叶文程先生实地考察佳春岭窑时，发现了一件刻有纪年铭文的标本。这是一件手拉车上的车心臼（又叫轴顶碗，是轮制手拉坯的生产工具之一），上底直径8 cm，下底直径10 cm，高5.5cm，器型呈六角形，上小下大，臼内圆锥形内凹，臼内上釉，外素胎。臼内上釉功用是使硬木车心上油后易于支撑旋转。外有阴刻两行竖书"李用"和"开禧元年"铭文，这是佳春岭窑断代的重要器物之一。"开禧"为南宋宁宗赵扩执政时期的年号，开禧元年即1205年，距离现在已经有800余年了。由此推断，佳春岭窑的烧造年代早于"开禧元年"（1205年）。用于手拉车的车心白的发现，说明了宋代手拉车在德化窑的使用已很盛行。手拉车的使用提高了工作效率和产品质量，从一个角度反映了宋代德化窑的生产技术水平和生产规模。此外，"李用"铭文给我们这样一个信息，那就是当时这里曾经有李姓的陶工艺人们在此生活、生产过。然而，如今的佳春岭附近，却没有了李姓的踪迹（村内村村民姓郑，岭头村村民姓郑，儒坑村村民姓陈），据史载：明洪武年间江西省饶州府按仁县(今余江县)陈和徙居儒坑，而后清乾隆年间永春吾峰大坂叶氏迁入，据传当时尚有黄、马、史三姓在此居住。那么，当年在佳春岭窑"化土为瓷"、铸就德化陶瓷辉煌历史的李姓人都到哪儿去了？

　　佳春岭窑的兴盛与衰败，应该说，与它特殊的地理位置有着莫大的关系。佳春岭窑，位于天马山脚下，正处于永春进入德化境内极为重要的交通要道之上。天马山，海拔

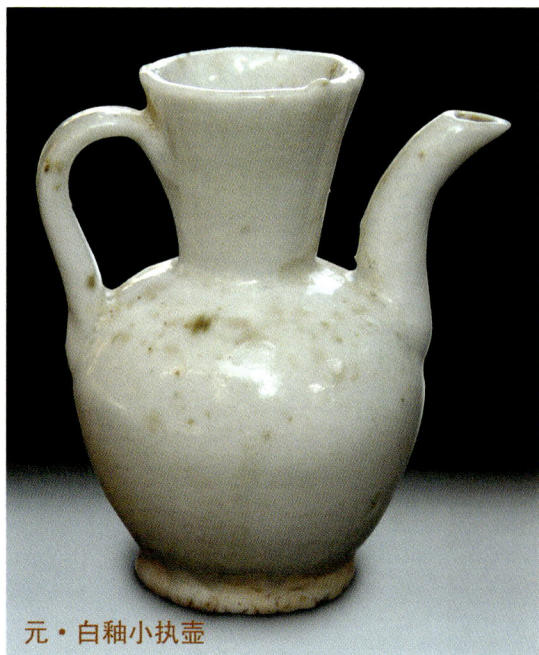

元·白釉小执壶

元·青白釉水盂

元·白釉印花军持

1079米，"双峰高耸插天，状如马"而得名。从三班乡桥内村的佳春岭，翻过岭头村的岭巅，或越过偏南的转马岭，自古就是通往永春县的交通要道。南宋绍兴二十六年(1156)，中国历史上继孔子之后最伟大的思想家、理学家、哲学家、诗人、教育家、文学家，时任同安县主簿的朱熹离任回乡，一路沿着古驿道走来，寄寓永春剧头铺，留下了《宿大剧铺》："王事贤劳只自嗤，一官今是五年期。如何独宿荒山夜，更拥寒衾听子规"的咏叹。次日继续前行，望见雄踞永德之交的天马山，诗曰："漫长驿道几程春？水碧山高不染尘。驻足时吟天问句，马腾鹏举特来人。"并留下"天马行空"的墨宝……其实，朱熹从永春到德化所走之路，也正是德化瓷器大量运往永春所走的"陶瓷之路"。到德化之后，朱熹来到北山（今上涌镇桂林村，海拔1176米）探访好友隐士苏绍成，并"书'廉静'二字与之，且铭其琴曰：'养君中和之正性，禁尔忿欲之邪心；乾坤无言物有则，我独与子钩其深'"。

至于南宋末年，抗元义士苏十万倾家资充军饷，募集义兵，矢志匡扶宋室。兵败退回德化，在天马山的岭头寨和七台山的彰武寨再聚义兵，更是利用山区丛林茂竹复杂地形层层设防，用"竹林弓、蓬丛箭"的伏击战继续抗击元军。元至元十七年(1280年)，在七台山水府被围，混战阵亡。清乾隆版《德化县志》载：十万"被刺挺立不仆，血渍石上，朱殷不灭"。后人赞曰："不负心，顶天做去，大丈夫，一呼十万，何妨称兵、称贼、称霸、称王？肯回首，立地便成，好男子，百炼千回，自是可鬼、可人、可仙、可佛！"而佳春岭的李姓人家，或许就是在此次的抗元战火中，被元兵杀害或被迫迁徙至他处了。

这是闲话，但天马山的重要地位可见一斑，从佳春岭古窑址往上走三四公里，就到了岭头村，翻过天马山脊背，

即可进入永春境内。在岭头村，也有一个宋代古窑址，叫东坪窑，其废弃时间也是止于元代，曾经大量生产青白瓷，所占的也是地利之便这一要素。佳春岭窑是宋代德化窑生产"海上陶瓷之路"大宗商品的一个重要窑址，所生产的青白瓷，正是顺着这一交通要道，挑至永春县，顺着桃溪再以舟楫运至刺桐港，随着"海上丝绸之路"飘洋过海，扬帆五洲。在"南海一号"、"威尔斯号"及印尼海域沉船等"海上陶瓷之路"沿线沉船的水下考古中均出土有该窑址生产的器物，它们对出土地居民的日常生活和风俗习惯的进步产生了很大的影响。

南宋·"开禧元年"车心臼

瓷圣故里觅瓷魂

Housuo Kiln in Housuo Village, Hometown of Porcelain Saint He Chaozong

关键词：象牙白瓷　何朝宗　"子信"　"文荣"
"建窑"　"孩儿红"　龙虎杯　八骏马
青花瓷　五彩瓷　酱釉　蓝釉

在中国陶瓷史上甚至是世界陶瓷史上，有一颗璀璨的星星，他所创作的瓷雕艺术作品，"可与米兰的断臂维纳斯相媲美……"，他所创作的瓷雕艺术作品，成为"天下共宝之"。他就是德化窑著名的瓷圣——何朝宗。

后所窑，就在浔中镇后所村，这里蕴藏着大量的优质瓷土，是德化古代著名的瓷窑之一。这是一处从明代一直使用到民国的古窑址。该窑址分布甚广，南至小溪边，北至山顶，东至水尾坑，西至狗咬坑山。

后所古瓷窑临溪，依山而建，呈南北方向，废弃的匣钵一直堆积到溪边。清澈见底的溪水，依然潺潺地流淌着，诉说着无尽的往事。

我们来时已是初夏，到处都是绿色的海洋，在满眼的青山绿水中，呈现在我们面前的是一个与陶瓷有关的村庄，一个有悠久历史的村庄。村庄在山的怀抱中，离城关仅3公里，面积10平方公里，3000多人口，这村庄就是德化县浔中镇的后所村。崭新的楼房点缀其中，浓浓的瓷香扑面而来，夹杂着山花弥漫的幽香，目光和思想所及之处，充满着蓬勃的春意。古窑址就掩映在比人高的长着锋利的锯齿的野草之中，野草旺盛的生命力，甚至把"屈斗宫德化窑址"这大遗址保护的石碑也遮盖得严严实实，拨开草丛，"隆泰后所窑"赫然入目。

瓷窑依山坡而建，蜿蜒于山坡上，整个山坡长满了翠绿的野草，把窑址全部遮盖得严严实实，看不清整个瓷窑到底有多长，但从废弃的匣钵一直堆积到溪边，可以想像

得出，这里曾是一片的繁忙：咿呀作响的水车，此起彼伏的锤炼瓷土的车碓声，还有映红了整个山坡的窑火，照亮了多少辈瓷工艺人们的不眠之夜。

明代，德化窑建窑技术传入日本，对日本陶瓷窑炉的设计和技术改造颇有影响。日本铃木已代三原著《窑炉》一书中，专门介绍德化窑，并誉其为"串窑的始祖"。直至21世纪，日本濑户陶瓷窑炉仍称之为"德化窑"。2000年2月，一位日本人到浔中镇石山村明狗仔购买了一座刚停产不久的蛇目窑，把拆下来的窑砖全部运回日本，并聘请第二瓷厂老技师陈德齐之子陈克明到日本按窑炉原样重建，命名为"龙神"，供游人参观。

拨开草丛，匣钵、模具、象牙白瓷片、青花瓷片随处可见，或半掩在土里，或直接嵌粘在匣钵上。触目所及，你会沉醉在瓷的海洋中。这些静静地躺在那儿的瓷片，温润如脂的釉水，青翠欲滴的花色，无不令人怦然心动、叹为观止。可以说，这里的每一片瓷片，都是世上最精良的陶瓷。随意一脚踩下去，都能听到远古的回音，响在耳边，

明·"孩儿红"釉龙虎杯

明·象牙白釉祥云观音

回荡在心头，久久不能忘怀。如果不是亲自到窑址探访求证一番，谁也不敢相信，如此精致的瓷器，竟然是数百年前的产品，谁也不敢想象，就是这瓷窑，就是用柴禾，没有任何精准的烧窑工具，硬是凭着窑工丰富的经验，烧制出了令西方人大为赞叹、跌破眼镜的"中国白"来，引得无数西方陶瓷工厂的竞相仿制……

沿着废弃的瓷片堆里而上，忍不住弯下腰来，捡拾起瓷片仔细地瞧一瞧，看一看，赏玩一番。在古窑址废弃层上，随意捡拾一片，都有不一样的发现。因为这里的瓷片太多了，到处都是洁净温润、凝脂似玉的瓷片，令人眼花缭乱，手忙脚乱，真有点捡了芝麻丢了西瓜的感觉。

偶遇"孩儿红"

或许是缘分，或许特意显露的，让我们发现其中的内涵似的，不一会儿，就捡拾到了一个撇口圆形杯子的残片，这是典型的明代德化白瓷的风格。仔细拭去粘附其上的泥土，釉水温润得像刚出生的婴儿的脸蛋，积釉处还带有淡淡的粉红色，令人忍不住要抚摸一番。这片残片，竟然是典型的"孩儿红"，孩儿红是一种窑变瓷，为明代德化窑白瓷中的极品。它是器物在高温烧成时由于窑内位置或温度不同，偶然创造的一种特殊气氛下产生的窑变。孩儿红釉色白中蕴红，器物在光线下肉眼看去犹如婴孩肌肤般滋润、粉嫩透红，堪称一绝。孩儿红是古代一种烧成工艺上无法控制，且要在一定的气氛下偶然产生的珍稀瓷种，它的珍稀之处就在于一炉中有时在某一个角落，只有几个匣钵会产生窑变。孩儿红成者甚少，传世就更少。在收藏界中有"千金易得，'孩儿红'难求"之美誉，被视为稀世珍品中的极品。如今世界上只有像大英博物馆、维·阿博物馆、法国吉美博物馆、德国德累斯顿收藏馆等才收藏有孩儿红陶瓷。

更为难得的是，就是这么一个小小的孩儿红杯子，杯子底部还钤有一方形的篆文印章，印文为"子信"。

林子信，是德化明代著名的陶瓷艺术大师之一，善于制作炉、碟、盘等器皿，工艺精巧，造型简朴雅致，融实用性与艺术性于一体。常见有"林氏子信"、"子信"等篆文款识。其作品在国内外博物馆及私人收藏家

等多有收藏。抚摸着"子信"款的"孩儿红"杯子，思绪也随之飞到了遥远的明代，遐想万千，就像那映红了天空的窑火一样。

可以说，这里的每一片瓷片都蕴藏着一段令人难以割舍的内涵。除了"子信"款的孩儿红杯子，在这里，还陆续发现了"文荣"款的杯子残片、"雅"款的牡丹杯子、"建窑"款的龙虎杯子残片、暗刻八骏马纹的八角杯子，这些精美至极的瓷片，将各种器皿与刻划、堆贴、雕塑、模印、镂空等装饰技法有机地结合在一起，充分显示出了德化瓷工艺人们匠心独具的艺术创作水平。这也难怪，像这样精美至极的陶瓷艺术品，飘洋过海，立即"得到全欧洲贵族阶层的欣赏和欢迎，并接受无限的订货"。（上田恭辅《支那古陶瓷研究手引》）甚至引发了欧洲的陶瓷革命。令人惊喜的是，在后所窑发现的"子信"、"文荣"等款识，在甲杯山古窑址也有所发现，或许这是他们在附近的几个瓷窑进行陶瓷艺术创作，并且相互交流、切磋技艺，相互促进，造就了明代德化瓷塑艺术的辉煌成就。

文荣，是德化明代著名的陶瓷艺术大师之一，擅长制作炉、杯等器皿，工艺精巧别致。常见有"文荣"、"文荣雅制"等篆文款识。其作品远销海内外，并为国内外各大博物馆所珍藏。

德化窑采用优质高岭土等原料经过反复研制实验，生产出一种特殊的"白瓷"：瓷质致密，胎釉纯白，浑然一体，洁润滑腻，如脂似玉，整体晶莹剔透，进一步将追求玉器质感的完美性发展到历史的巅峰，代表了当时中国白瓷生产的最高水平，称之为"中国白"。这种白瓷胎骨细柔坚致，俗称

明·象牙白釉三足炉

明·白釉八骏杯

明·象牙白釉刻诗杯

明·白釉玉兰杯

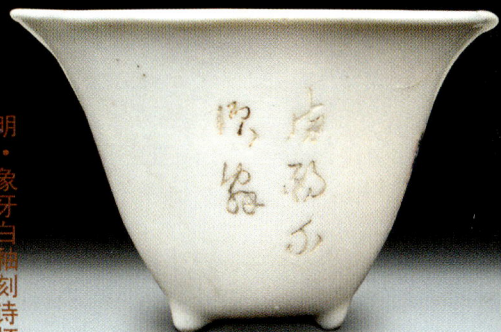

明·象牙白釉刻诗杯

明·白釉公道杯

明·酱釉炉

"糯米胎"，带有晶莹的光泽，釉水洁净匀厚与胎骨结合紧密浑然一体，呈色温润如玉，剔透光滑，器体在光线照耀下，可映见指影，叩之声音清悦悠扬，犹如敲击金属，铿然作响。其美妙的胎釉质感直逼玉器之"五德"，它的问世，引起瓷坛的巨大反响，国内鉴赏家称赞"似定器无开片，若乳白之滑腻，宛如象牙光色，如绢细水莹厚"（赵汝珍编述《古玩指南》）。许之衡《饮流斋说瓷》则称之曰"后制者出德化，色甚白，而颇莹亮，亦名福窑……白者颇似定窑，惟无开片，佳者瓷质颇厚，而青里能映见指影，以白中闪红者为贵。"日本学者认为它是"瓷器中的白眉"，"如果以客观而公平的态度给予评论的话，可以说是比白玉更为华丽。以陶工的技巧来说，更可号称中国

古今独一无双的优秀作品"，"就是对陶瓷毫无欣赏水平的人，只要一见便可发出赞赏之声"，"虽然胎壁较厚，却比灯罩更为透明……显出光亮美观的肌面，以光滑度来说可称为天下第一"（上田恭辅《支那古陶磁研究手引》）。欧洲美术家把它命名为"中国白"（Blanc De Chine），"乃中国瓷器之上品也，与其他东方名瓷迥不相同，质滑腻如乳白，宛似象牙。"（法国·波西尔S.W. Bushell著《中国美术》）德化白瓷在世界陶瓷中占有非常特殊的地位。"欧洲陶瓷专家要做作而不可能，他们称它为'中国白'（Blanc De Chine），称为世界上最精良的瓷器。德化白瓷不靠外加彩色的装饰，单依其瓷器本身之形状，色泽之美，而足与五彩斑斓的景德瓷相比美。那末，其品质本身之精良可想而知了。"（维之《可夸的德化瓷》）

德化白瓷从元时起，就步入了皇宫贵族的殿堂（《安平志》"白磁出德化，元时上供"）。此后，德化白瓷成为

后所村一角

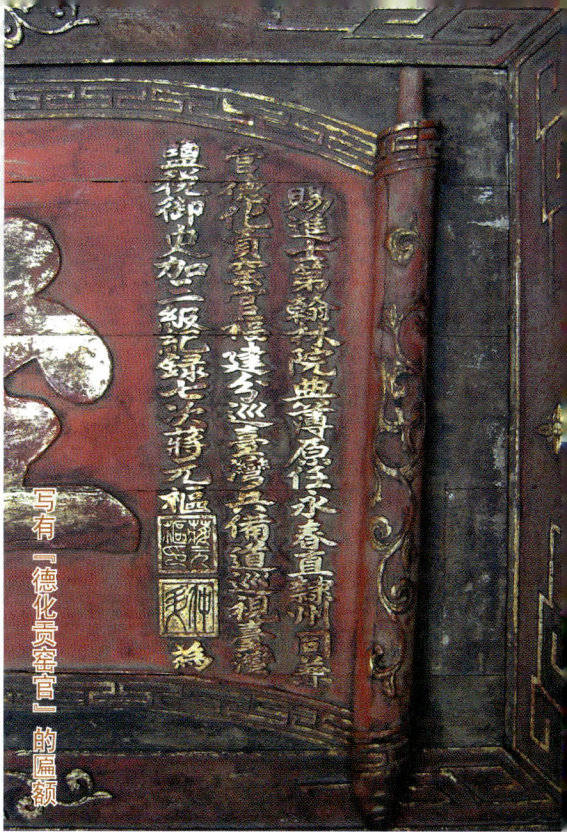
写有「德化贡窑官」的匾额

供品，为历代宫廷所倚重，其中最重要的一点，正是德化白瓷质地洁净滋润、胎骨细柔坚致、色泽温润如玉、美妙的胎釉质感直逼玉器之"五德"。在明朝万历皇帝神宗朱翊钧（1563—1620年）的定陵中，就发现有德化窑的白瓷花觚，至于北京故宫博物院中，所珍藏的明代德化窑瓷器有200多件，其数量之大，质量之精，在世界上可谓首屈一指。故宫博物院自20世纪50年代建立陶瓷专馆陈列以来，一直都开辟明代德化窑瓷器陈列专柜，所展出的德化窑瓷器，常常引来大批中外游客驻足观看，赢得他们的交口称赞。

由于德化白瓷瓷质细腻洁净、釉质温润如玉、造型精美雅致，深受皇宫贵族的喜爱，朝廷甚至在德化设立了贡窑官，管理贡品上供给朝廷等事宜，不久前，曾在民间收藏家发现一清代乾隆四十一年的匾额，上面明确点出了"德化贡窑官"这一职务，再一次有力地印证了德化白瓷曾大量上供给朝廷。

尽管德化窑在明代就赢得了如此高的声誉，但是当前国内仍有少数考古、研究专家对民窑不屑一顾，视若草芥，逢瓷必说官窑，完全忽视了民间艺术无穷的魅力。在2006年的一个寻宝节目中，林希宗这位著名的瓷雕艺术大师的珍品竟然不如官窑的一个青花罐罐，这不能不说是国内古陶瓷研究领域的悲哀。与国内的情形恰恰相反，就是这种被忽略了的"中国白"艺术魅力，令国外各大博物馆和收藏大家当作国宝竞相收藏，视若拱璧，以拥有德化瓷雕艺术大师创作的雕塑艺术作品为荣耀……这是闲话。

在这次的田野考察中，还首次发现了两件阴刻有"建窑"款的明代瓷器，一件是龙

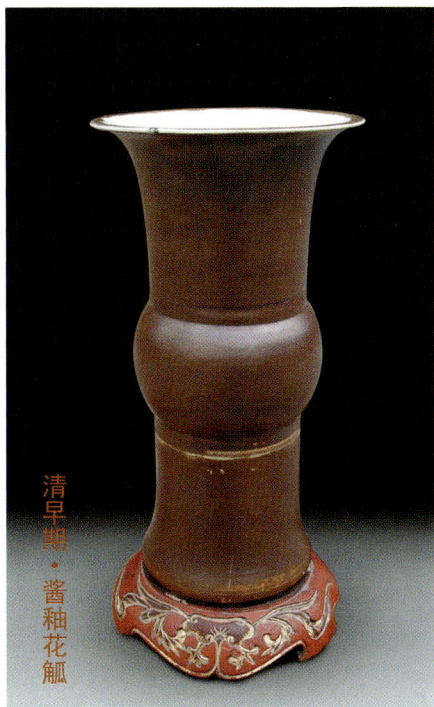
清早期·酱釉盖罐

清早期·蓝釉辅首炉

清早期·酱釉笔架砚滴

清早期·酱釉花觚

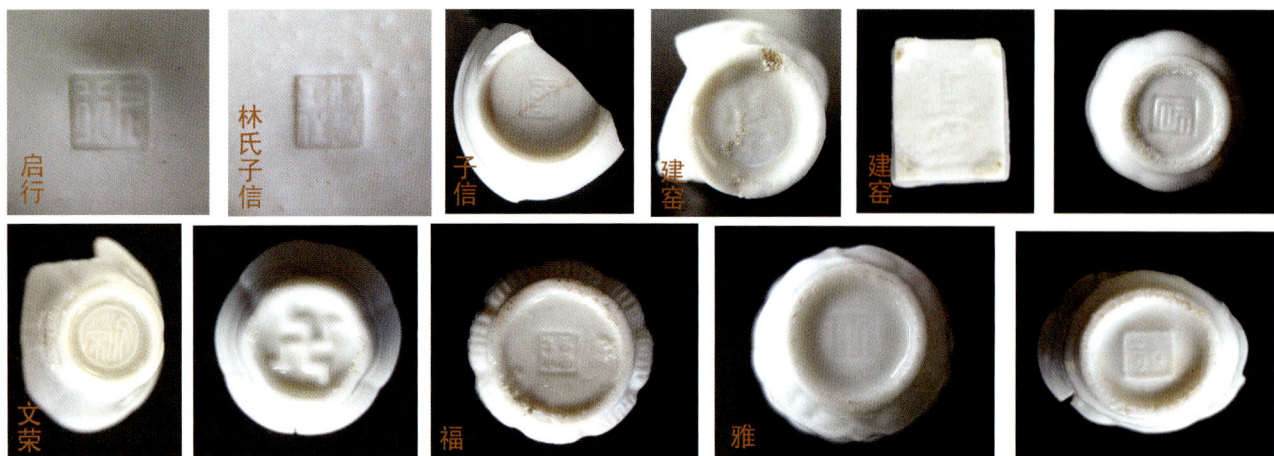

虎杯残片，一件是方形小笔掭，器物虽小，却是内涵丰富。在此之前，不少古陶瓷研究专家认为"建窑"是专指盛产黑釉茶碗的建阳窑，看来事实并非如此，早在明代，德化窑就直称"建窑"了。有意思的是，清代乾隆十二年（1747年）编修的《德化县志》收录有殷式训的诗作《龙浔八景》（殷式训，四川成都人，清康熙五十一年（1712年）任德化知县），其中有一首题为《瑶台陶烟》"宇内闻声说建窑，坚姿素质似琨瑶；乘闲每上峰头望，几道清烟向暮飘。"

"瑶台"指的是德化县著名的瓷乡——宝美村，诗文咏赞的即是德化烧制陶瓷的情景。"坚姿素质似琨瑶"，所称道的就是质地洁白坚硬、色泽莹润、如脂似玉的德化白瓷。著于清·乾隆甲午（1774年）年间的朱琰《陶说》也有同样类似内容的记载："建窑，在福建泉州府德化县。……旧建瓷有薄者，绝类宋器，佛象最佳。"其中的"佛象最佳"，称道的就是德化窑独树一帜的瓷雕艺术。

"江南三月，草长莺飞"，天清地明，满目翠色。这里到处长满了茂密的蒿草，旺盛的蓬草将整个古窑址掩盖得严严实实，尽管如此，却到处散发着无尽的瓷香，沁人心脾，令人陶醉不已。

后所窑除了生产大量的象牙白瓷外，还大量烧制青花瓷、彩瓷以及酱釉、蓝釉瓷等产品。丰富多样的陶瓷产品，满足了国内外不同阶层的需求。就造型而言，这里除了杯、碗、碟、盘、壶、罐等日用品外，还发现有大量的印盒、荔枝水注等文房雅玩用品，瓷雕作品残件等等。废弃层上，堆积了不少覆口烧而粘连在一起的杯子或碗碟等日用品，这或许是太高温的缘故。这种现象，在众多的德化古窑址中随处可见，无论是白瓷，还是青花瓷，采用覆口烧，可以充分利用窑炉的空间，烧制出更多的产品。

值得一提的是，在窑址废弃层上，还发现有酱釉、蓝釉等色釉瓷的残片。酱釉，也称柿色釉、紫金釉，它是以氧化铁为着色剂的高温釉，而蓝釉则是用氧化钴作着色剂，经高温烧制而成。这类陶瓷，在收藏家那儿时有发现，但名称及窑口断定有所不同，甚至有些收藏家误以为是其他窑口的产品。色釉瓷又称颜色釉瓷，是依靠釉水色彩的变化来装饰瓷器的。单纯以釉色来装饰瓷器难度相当大，以其纯净、清丽、隽永而著称于世。这里面除了工艺技术的因素之外，更重要的还是单纯的色釉器符合中国传统文化理念，符合中国人含蓄、内敛、儒雅的美学观、道德观。酱釉、蓝釉等色釉瓷是德化窑的瓷工艺人不断探索实践的见证，大大丰富了德化窑的陶瓷品种。

引人注目的是，在窑址上发现了一件清代中晚期的釉上粉彩的杯子，该小杯子呈圆形，口微向外撇，杯底还粘有窑砂，这是一件不小心打坏而丢弃的釉上彩瓷，尽管只发现这么一个粉彩花卉纹的杯子，但它透露出了这样一个十分重要的信息，那就是，这里还曾烘烤过釉上彩瓷。德化五彩瓷的颜料大部分是本县贺兰山（即现在的驾云亭）的石英质矿石及绿矾、铜绿等配合而炼成的，这些颜料以铜、铁、锰、钴等氧化物为着色剂，与铅粉、石英粉配制而成，颜色有红、绿、青、黄、紫等。"至民国初，才由浔中彩瓷转卖商林凤鹏购入日产的金水及洋彩颜料，本地颜料逐渐被洋彩所代替。"

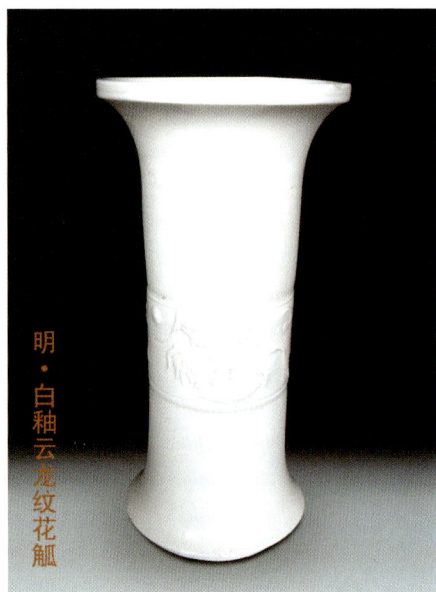

明·白釉云龙纹花觚

明·象牙白釉和合二仙（何朝宗）（原藏于戴维基金会，今藏于大英博物馆）

瓷圣何朝宗

当然，最具有吸引力的是，后所是一代瓷圣何朝宗的故乡。

德化是世界瓷塑的发祥地，是全世界"以瓷塑人"历史最久、品种数量最多和影响最大的陶瓷产区，在世界陶瓷艺术史上，"以瓷塑人"为特色的窑口，只有德化。而"以瓷塑人"水准最高、影响最大的艺术家，非瓷圣何朝宗莫属。

何朝宗，是明代驰名中外的瓷雕艺术大师，生于何时、卒于何年，历史上无明确记载。我们只能根据考古资料来推断，清乾隆年间《泉州府志·卷六十六·明艺术》载："王弼，小名盛世。工诗文书画，尤善塑大士写真及诸仙佛像，独造其微。同时又有何朝宗者，善陶瓷像，为僧伽大士，天下传宝之。"泉州南门天后宫保存王弼雕塑的天妃造像，墨书万历纪年款识，泉州民间收藏的郎君泥塑钤印王弼记的私章，作风与何朝宗的瓷塑极其相似，由此看来，何朝宗生活在明朝嘉靖、万历年间。何朝宗擅长雕塑神仙佛像，尤以观音、如来、达摩、罗汉见称。他创作的

瓷观音仪态宛然，栩栩如生，脸容秀丽，端庄慈祥，令人见之生敬，堪称一绝。何朝宗所创作的瓷塑作品，历来被国内外视为瓷珍瑰宝。《福建通志》、《泉州府志》称"善陶瓷像，有僧伽大士，天下传宝之。"我国当代著名的历史学家、思想家、哲学家蔡尚思先生曾咏《瓷圣何朝宗》诗这样评价他："明代瓷圣何朝宗，瓷艺史上实无双；我今称他为'瓷圣'，他最无愧足以当。"

后所蕴藏着大量的优质瓷土，是德化古代著名的瓷窑之一。虽然目前在窑址上还没有直接发现与何朝宗相关联的瓷雕作品的残片，但是后所窑（与城区附近的甲杯山、观音岐等的瓷土相近）所拥有的如此丰富且如此优质的瓷土，特别适合各种瓷雕作品的创作。国内外各大博物馆珍藏的何朝宗瓷雕作品，就有许多瓷质、釉水与后所窑的瓷质、釉水相同。何朝宗在后所故乡生活，进行瓷雕作品创作，这完全在情理之中。

何朝宗祖籍江西省临川县廿二都，后移居城南县十六都四脚桥。其先祖何昆源，号德举，明洪武二年（1369年）任江西建昌府卫军，洪武七年奉命拔军到德化县隆泰社厚苏村屯垦（现浔中镇隆泰村后所）。其子世祥、孙尚志皆习

明·白釉祥云观音（何朝宗）（藏于德化县陶瓷博物馆）

文，先后出任莆田县儒学训导和古田县儒学教谕。何朝宗早期善于为宫庙泥塑各种神仙佛像，他为德化宫庙泥塑的有：碧象岩的观音、下尾宫的大使、程田寺的善才、东岳庙的小鬼，形态逼真，惟妙惟肖，深刻塑造了各自独特的个性，栩栩如生，这些佛像有的保留到清末和民国时代。他善于继承吸收泥塑、木雕、石刻等各种流派的创作手法，结合到自己的艺术创作中，既师古而不泥古，并根据瓷塑艺术的特点，总结出了捏、塑、雕、镂、贴、接、推、修的八字技法，使雕塑艺术与优异的瓷质巧妙地结合在一起，形成了独树一帜的"何派"艺术。《福建通志》和《泉州府志》都称其为"善塑瓷像，为僧伽、大士，天下共宝之"。

何朝宗的瓷雕作品，充分发挥了中国传统的"传神写意"的雕塑手法，细致入微地表现人物的内心世界，同时着意人物外表衣纹的刻划装饰，线条深秀洗练，柔媚流畅，圆劲有力，形神兼备，独具风格神韵；他所塑造的人物，既是神，又是人们理想中善与美的化身，达到了现实性与理想性的统一、整体塑造与细部刻画的完美结合。同时，何朝宗所塑的瓷雕，摒弃了繁琐庸俗的彩绘，而以单纯的雕塑美和胎釉材料的质地美取胜，不仅注重塑像造型的完美，同时更注重刻划人物的内心性格，使人物显得格外慈祥、温柔、娴淑、善良和圣洁，具有极高的艺术价值。

他塑造的瓷佛像流传国内外见于文献记载：有释迦牟尼、观音大士、弥勒、达摩、罗汉、吕洞宾……而尤以观音最负盛名。当时民间称赞他所塑造的观音"除非观音离南海，何来大士现真身"，被称为"何来观音"。他所塑的观音，体态丰盈、面庞俊美，超凡出俗，神态慈祥静穆，衣纹深柔洗练，线条潇洒流畅，动静相济，形神兼备，加上注意原材料的精选，他所用的瓷土、釉药都比当时德化一般白瓷有独优之处，配上"象牙白"瓷土，使瓷塑作品显得质地滋润莹厚，胎骨均匀坚硬，美如脂玉，令人爱不释手。众所周知，德化窑瓷土质软，烧成后不变形已非易事，如果要保持如刀切般清晰深秀的线条是十分困难的。瓷坯入火后的收缩率为14%，在这种比较大的物理变化中，要不缩釉、不变形仍然保持生坯时衣纹线条的深秀柔美，其难度可想而知。他精心创作的《渡海观音》，成为旷世神品——观音慈眉善目，神态安详，双手笼袖，脚踏波澜，衣袂临风，一时风靡海外，被誉为"东方的维纳斯"。他所塑造的其他古佛、神仙，在造型方面都能别有立意，独具风格神韵，

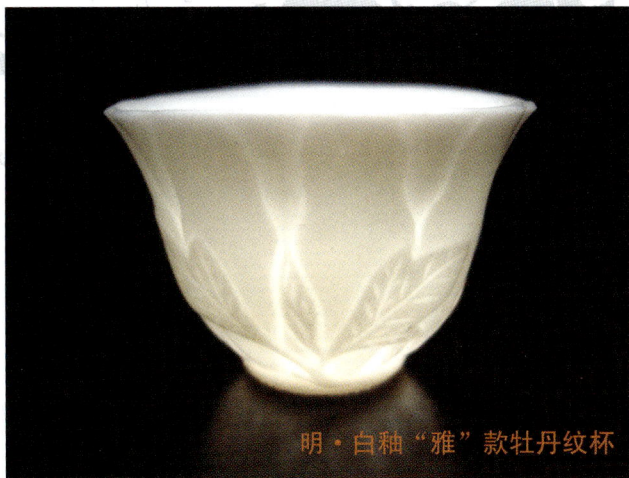

明·白釉"雅"款牡丹纹杯

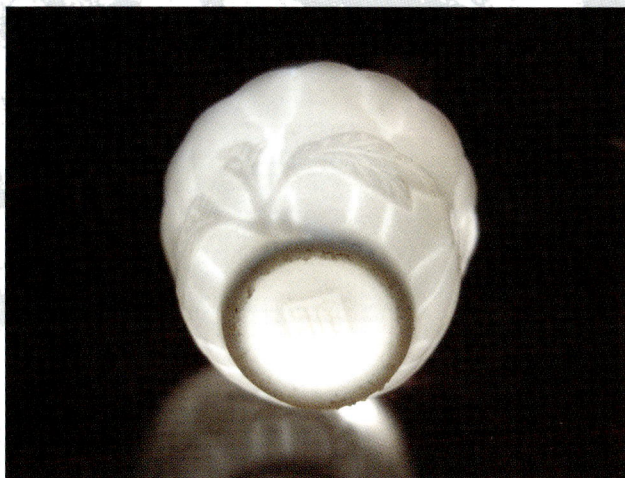

从整个形象看来，修短合度，立体感强，衣褶线条，飘逸生动，栩栩如生，不仅塑出了各种人物的特定仪态，而且表现出了特有的思想性格，具有极高的艺术水平。

何朝宗的创作态度严谨认真，坚持宁缺勿滥的原则。据说，每件瓷雕作品创作出来，先摆放在窗口，让路人观赏品评，稍不称意即推倒重塑。他十分珍惜自己的劳动成果，如是得意之作，则在背部钤盖印章。至今仍然流传着何朝宗晚年烧制出十八尊瓷雕作品，由于不甚满意，就深埋在某大山深处。所以，他流传于世间的瓷雕作品都是极少雷同的上乘之品。在16世纪的"东西洋"市场上，他的作品被誉为"东方艺术"、"世上独一无二珍品""可与米兰的断臂维纳斯相媲美……"，人们"不惜以万金争购之"……何朝宗以超群的技艺把瓷塑造型艺术推到了一个前无古人的高度，跻身于世界伟大艺术家之列，他那些冠绝一时的作品，被称为"世界上最精良的瓷器"，有着"天下共宝之"的美誉。英国古陶瓷研究专家约翰·盖尔甚至赞叹说："何朝宗的瓷雕艺术作品，可与达·芬奇的世界名画《蒙娜丽莎》相媲美。"

何朝宗在他的故乡后所窑场积极从事瓷塑研究、创作、传艺活动，为德化瓷塑奠定了坚实的基础，开创了独特的艺术风格和优秀技法，为德化瓷塑艺术获得了高度的国际声誉。何朝宗鬼斧神工的瓷塑艺术，他的艺术风格一直影响到数百年后的今天，何朝宗在世界陶瓷艺术史上"前无古人、后无来者"的地位是不可撼动的。

何朝宗和林朝景、林希宗、林孝宗等一大批陶瓷艺术大师，将宗教精神、人生哲学、审美情趣融入德化的白瓷，创造出一件件不朽的艺术品，将德化的陶瓷雕塑艺术推到一个前无古人的巅峰，把中国的制瓷艺术推到最高境界。他们的瓷雕艺术，以单纯的雕塑美和胎、釉材料的质地美而取胜，由于借助白瓷釉的这种特殊的色质美，倍增了雕像所具有的纯洁感和神圣感，其典雅高贵之境界令人叹为观止。他们的瓷雕艺术，为明代德化窑在中国陶瓷史乃至世界陶瓷史上的翘楚地位奠定了坚实的基础，至今仍然倍受中外艺术家的推崇。

后所窑的窑火虽然业已熄灭，但是，后所窑所生产的陶瓷，其精巧优美的造型，丰富繁多的品类，凝重滋润的瓷质，洁白纯净的釉色，给人以一种清净、纯洁的美感，充分表现出了明代德化白瓷高超的艺术水平。

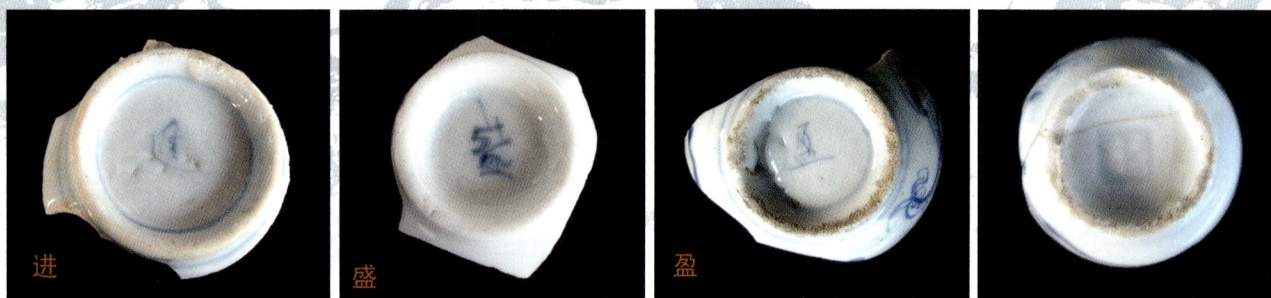

进　盛　盈

附：

最完整的纵式阶级窑

在后所古窑址之上，至今仍然遗存有一处保存完好的明清时期纵式阶级古瓷窑，这是至今国内发现并保存最完整的古代阶级窑，对于研究我国古代陶瓷窑炉发展史具有重

要参考价值。

2008年秋冬之际，暖洋洋的太阳，蔚蓝色的天空，还有几朵白云在飘洒，不时变幻着各式各样的图案，这样的季节，正是探秘求真的绝佳时节，为了一睹阶级窑的真实容貌，我们再一次来到了后所窑。

阶级窑隐藏在后所村城东开发区边的山坡林地里，茂密的蓬草高过头顶，把古窑址遮掩得严严实实，窑顶被杂草树枝所覆盖，几天前，考古工作人员及当地村民才把古窑址上方的杂草树枝清理干净，这座保存完好的古窑址才能清晰地展现在我们的眼前。

阶级窑依倾斜的山坡而建，用长方形的砖砌成，六间窑室相互隔开，每间隔窑有墙（也叫挡火墙），隔墙的底部有一排通火口，各室依次相连，从下至上底部一室高于一室，形成层层阶级，窑壁上已经结满了厚厚的窑汗，经过初步考证，这是一处一间一间窑室还保存完好、已经废弃没有再使用的清代纵式阶级窑，整个窑室和它的遗址现状清晰可见，可以说是全国古窑址中保存最完好的一处。如此保存完整的阶级窑，有利于对明、清时期阶级窑的窑室、窑炉、烧瓷工艺等的进一步研究。

阶级窑是在分室龙窑基础上发展起来的，明、清时在瓷都德化大量出现，它依倾斜21°的山坡而建，由窑门、火膛、若干个室和烟囱等部分组成，每室高3米、宽7米，各室前部均设火膛和火门，烧窑时，先从最低处的第一室开始，这一室坯件烧成后，再烧第二室，依次相继烧造。阶级窑的出现，是一种德化窑烧制技术进步的象征，一方面，阶级窑的底部呈台阶状，十分平坦，它可以充分利用窑室里面的空间，大大提高产品的装烧数量；另一方面，在窑室里面又有分间，可以使室内的气温得到均匀的流动，最大限度的提高产品的质量和烧成率。相对于龙窑而言，阶级窑更能适合大生产的需要，是当时比较先进的窑室、窑炉、烧瓷工艺，这种窑炉在明代时曾传到日本。

这里的蓬草，分外的茂盛，有一两人高，不仅茂盛，而且特别锋利，一不小心，便被割得鲜血直流。据说，凡是古窑址的地方，蓬草特别的旺盛，这是长年累月烧制陶瓷的缘故，地气特别的热，加之柴火灰碳的浸润，土壤肥力特别的足。但凡探访过的十多处古窑址，确是如此。为了看清整个窑址的大致情况，我们不顾蓬草的锋利，抱着头，猫着腰，小心翼翼地往前探，不一会儿，在阶级窑的上方，

发现了许多零碎的瓷片，以青花瓷居多，有白瓷，有酱釉瓷，也有青釉瓷，还有釉上彩瓷……瓷片静静地躺在废弃层上，杂草从瓷片的隙缝间钻出来，轻轻拨开，才能瞧见一点端倪，却无从窥见其全貌，估摸整个山坡都是窑场，当年兴盛的火光，映红了天空，令人昼夜难分。

手。有意思的是，这块龙纹碗只有龙首和龙身，缺口的正是龙尾，真可谓"神龙见首不见尾"；绝秒的是，在这块龙纹碗的不远处，又拣到了一块瓷片，上面同样绘着精美的龙纹，独独缺的正是"龙尾"，与刚刚拣拾的龙纹瓷片堪称"绝配"。

"神龙见首不见尾"

这里的瓷片之多，超出了我们的想象，废弃层上，瓷片散落在地上，俯拾皆是，其中又以青花瓷片居多。

这里的青花瓷不仅瓷质紧致细腻，而且发色十分青翠欲滴，最难得的是，画工相当的精美，是一处质量上乘的青花瓷古窑址。这些青花瓷，以杯碗之类的日用品居多，集实用、装饰、观赏于一体，散发出民间陶瓷艺术的芬芳。其装饰题材取材十分丰富，变化性强，纹饰内容多为山水人物、花鸟草虫、诗词铭文、吉祥图案等等，其绘画手法相当的老练，一挥而就，甚至是一气呵成，突破了官窑那种繁琐拘谨的羁绊，这是经过多年的绘画实践，才达到的艺术境界，体现了德化窑青花瓷画风自由洒脱，无拘无束，笔触粗犷大胆的特点，充满着蓬勃向上的生活气息。瓷片底部大多书有青花款识，那是不同作坊的不同标识，有"盈"、"盛"、"丰"、"进"、"凡"等，字迹十分洒脱，在这些青花瓷片中，好几块瓷片底部钤有相同的印章，从中可见当时烧制方法同样是多家作坊自己绘制，然后一同装窑烧制，它充分展现了民窑生产方式的特点。

随手拾取，便是一块绘有龙纹的青花碗，其胎质之致密，釉汁之纯净，发色之青翠，画工之精美，令人爱不释

窑炉内壁

明·象牙白釉螭龙壶（藏于德化县陶瓷博物馆）

"中国白"
(Blanc De Chine) 的故乡

关键词： 象牙白瓷　弥勒　西洋人物塑像
粉盒　螭龙瓶　狮首炉　送子观音
唐纳利　奥古斯特二世　伯特格尔

德化甲杯山窑址，位于龙浔镇宝美村东南、甲杯山的北坡，是全国重点文物保护单位——屈斗宫德化窑址的组成部分。经国家文物局批准，福建省博物馆、德化县文物管理委员会办公室和德化陶瓷博物馆联合组队，于2001年5月进行考古发掘。

该窑四面环山，依山而建，是一处经历元明两代窑炉被打破、叠压，重复建设使用的遗址，是元明两代窑业技术传承的典型代表之一。出土的有元代的白釉瓷和典型的象牙白瓷、猪油白瓷等瓷种，釉色有白、象牙白、青白等，以象牙白釉为最多。器形主要有碗、盘、碟、盏、杯、洗、炉、瓶、罐、匙、灯、盒、砚、砚滴、执壶、水注、印模、中外人物塑像、动物，以及西洋人物塑像等。从出土的标本看，以象牙白釉居多；器形品种、纹样装饰和工艺水平，都具备明代德化象牙白瓷的典型特征，应是德化白瓷的鼎盛之作，在德化同时代的窑址中，具有代表性。海内外收藏的不少德化白瓷珍品，可以在甲杯山窑址的出土标本中见到相同或相似者。因此，甲杯山窑址的发掘和发现，对元、明两代德化窑的窑业技术、德化瓷的外销等研究，都有着十分重要的价值和意义。

我们现在所看到的甲杯山古窑址，已是经过科学发掘后又回填上的古窑址。在古窑址上，洁净温润的瓷片触目可见，依然是令人怦然心动，其釉色纯洁莹白，胎与釉浑然一体，结合得非常紧密，积釉处可见明显的玻璃相，釉层和胎质几乎分不清，细腻温润如凝脂冻玉。细碎的瓷片仍然可以辨别出它的形状，似乎在展示着那无穷无尽的艺术魅力，令人在欣赏那些残缺而又不失美丽的图案之余，不禁浮想连连，感慨万千。

若不是废弃层上还遗留有残存的瓷片，谁也想像不出，这里就是享誉欧洲、引发欧洲陶瓷革命的明代象牙白瓷的主要产地之一。遥想当年，源源不断的象牙白瓷通过"海上丝绸之路"，漂洋过海，征服了大洋彼岸的欧洲人。德化陶瓷成为"海上丝绸之路"中最主要的贸易品之一。

在德化县陶瓷博物馆内，从这里发掘出来的明代象牙白

明·象牙白釉狮首圈足炉

明·象牙白釉送子观音残片

明·白釉螭龙瓶

瓷标本，其釉色之纯净、纹饰之精美、器形之丰富，令人叹为观止。甲杯山古窑址的瓷土质地十分优良，细腻柔软，像猪油一样洁白温润，是德化窑"象牙白"瓷的经典之作，堪称一绝。甲杯山的瓷质十分柔软，犹如一把双刃剑，一方面，成就了甲杯山白瓷如凝脂似冻玉的瓷质，但也产生了另一致命的缺点，粘连变形极多。这是因为当时烧窑全凭经验，温度不易控制，过之即粘结、变形，不及则成中温，釉面就会产生开片裂纹。德化窑瓷土质软，高硅低铝，含铁量低，含钾高，杂质少，在高温作用下常常呈出玻璃的光泽，胎体细密，透光度好，往往带有颗粒状珍珠般的闪光，俗称"糯米胎"，是我国最细腻、洁白的瓷土。为了追求如凝脂似冻玉的效果，瓷工艺人们不惜冒着瓷器变形的危险，极力提高德化瓷的烧造温度，极有可能在1300度之上。这也是考古人员每到一处古窑址，总能看到一摞摞粘结变形的废弃瓷及窑具、堆积如山的原因。

象牙白瓷的创制成功，把德化瓷业发展提高到一个新的高峰。这种闻名国内外、独树一格的象牙白瓷，其色乳白，质地坚韧莹润、细腻匀洁、素静淡雅、稳重大方，在白色中微闪黄色犹如凝脂，似白玉，或隐约呈现肉红色(即所谓"孩儿红")，使人一见顿然有静穆之感。瓷之坯釉结合紧

甲杯山古窑址一角

密，半透明度高，在灯光背景下，更见其柔和雅致，引人喜爱。以"象牙白"瓷塑造的人物，色泽滋润，衣带飘拂，栩栩如生；用它制作的各种艺术品，显得精美华贵，似脂如玉，令人赞赏。传到国外，在国际上获得很高的评价，称赞它是"国际瓷坛上的明珠"、"世上独一无二的珍品"。由于德化瓷温暖的白色光泽，德化白瓷一流传到欧洲，被欧洲人视为世界上最理想的、细腻而又美丽的陶瓷，欧洲人用"中国白"来命名它，谓中国瓷器之上品。时至今日，法国仍旧这样称呼德化瓷。日本学者称它为"白瓷中的白眉"（意为最杰出的作品），"白高丽"，认为"对白高丽式的白瓷，如果以客观而公平的高度给予评论的话，可说是比白玉更要美观华丽"、"甚至胜于白玉"、"可称为中国古今独一无双的优秀作品"，称这种"优秀产品，虽然胎壁较厚，却比灯罩更要透明……显出光亮美观的肌面，以光滑度来说可称为天下第一""如果是明朝以前的白建，就是对陶瓷毫无欣赏水平的人，只要一见便可发出赞赏之声。""建白瓷自宁波流入日本，日本富人，至不惜以万金争购之，足见其精美矣""福建德化窑生产的手抱婴孩的白高丽手法的观音在日本的基督信徒中当作玛丽娅的圣像而大受欢迎，其需用量之大几乎达到惊人的程度。""大约十六世纪起，这个白瓷偶然通过葡萄牙的东洋贸易船介绍到西欧以后，立刻……得到全欧洲贵族阶层的欣赏和欢迎，并接受无限的定货。"

　　瓷器，始终是欧洲人的奢侈品。中国瓷器就流传到国外时，老

明·象牙白白釉荷兰人与猴（珍藏于荷兰阿姆斯特丹里克斯博物馆）

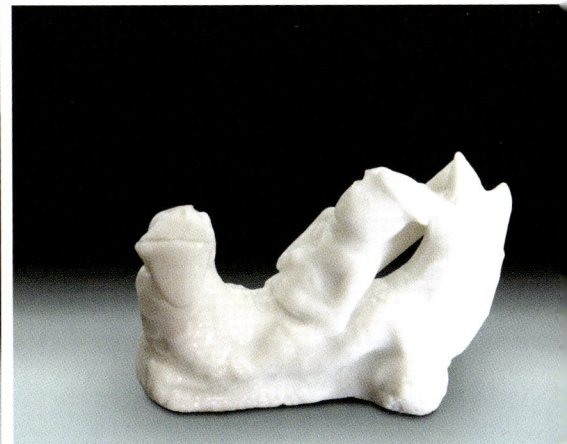

明·白釉西洋人物塑像（一组）

明·象牙白釉观音立像

欧洲们个个儿垂涎三尺，中国瓷器随即超过黄金的身价，成为财富、地位和品位的象征。只有在西班牙和法国等大国的宫廷里才能见到较多的瓷器。在法国宫廷宴会上，象牙白釉餐具被看作是最为贵重的餐具。这批瓷器在近几十年的法国国宴上仍时有使用。贵族家庭也以摆设瓷器来附庸风雅，炫耀地位。据文献记载，德国的奥古斯特二世（Friedrich August Ⅱ）曾做过一回"瓷器生意"：1717年，他用600名全副武装的萨克森骑兵，换取普鲁士威廉一世的127件中国瓷器，其价值相当德国旧银币27000塔里尔——这可算得上是倾国倾城了！

明代是德化瓷大量销往欧洲的全盛期，早在十七世纪，德化瓷器流传到欧洲，并且以它细腻洁白的瓷胎和独具特色的"象牙白"釉令欧洲人大为惊叹，德化白瓷被视若拱璧而争相收藏。1983年7月，迈克·哈彻在中国南海海域成功打捞出水了崇祯16年至顺治3年（1643-1646年）间沉没的一艘中国大帆船，船上出水了2300多件瓷器，其中就有一部分是德化窑生产工艺的白瓷，产品有觚、杯、炉、壶、碗、观音塑像以及其他一些人物瓷塑等。明代德化白瓷大量销往欧洲，为了符合欧洲人的生活习惯，德化白瓷不断研究和改进造型和式样，大量模仿欧洲家庭厨房使用的银餐具和陶器的造型，并在欧洲被广泛使用。与此同时，为了适应顾客的嗜好，部分的瓷塑也接受外国的影响，如"送子观音"就有点象"圣母与圣婴"，并且塑造了一些以表现欧洲人生活情景为内容的欧洲人像，专门销往欧洲，这种瓷塑作品在国内很少看见。如英国博物馆收藏有以"狩猎"为主题的德化瓷塑，表现的正是荷兰人在打猎的情景。又如荷兰"总督达夫"形象，生动地再现了欧洲人的日常生活。然而，十分有趣的是，或许是因为设计者从未见过的欧洲人，或者他们根本没看到他们的画像，他们所设计的这些西方人物，显著地表现出不规则的组合——欧洲人的服装＋亚洲人的面部特征。

据2001年对甲杯山明代窑址考古发掘，出土的器物有观音、弥勒、童子、福德正神（土地爷）等人物塑像，铺首瓶、炉等陈设瓷，水注、洗、印盒等文房雅玩，以及执壶、盅、杯、碗、盘、糕模（粿印）、匙等日用器皿。尤为难得的是，此次发掘过程中发现了大量不同器型的器物标本，

这些标本的造型、瓷质、制作工艺、烧成方法等与国内外同一时期的收藏品、传世品相同，特别是发现了许多明代接受外国订货而生产的耶稣、圣母陈像、外国生活小组雕、荷兰人骑马等外国人形象的标本，为国内外古陶瓷界对德化白瓷的研究和收藏鉴定提供了丰富的实物标本。

甲杯山古窑址发现了一大批精美的标本，为国内外收藏品、传世品找到了具体的窑口。特别发现了许多明代接受外国订货生产的外国生活小组雕等的标本，结束了明代外国订货外销没有窑址依据的历史，为国内外研究德化窑元明时期白瓷提供了科学、可信的依据。

说到这里，我们得提到一位曾以毕生精力用于对"中国白"进行收集和研究的英国人，已故英国古陶瓷专家——P.J.唐纳利先生。他用一种近似乎是"拍卖陈辞"般的赞美语言所著述的一部著作《"中国白"——福建德化瓷》，1969年由伦敦费伯兄弟出版社出版。是他，让国内德化窑研究专家、学者见识了誉满天下、琳琅满目的德化瓷。

唐纳利是位早年移居英国的爱尔兰人，作为考古学和古代陶瓷学的专家，他的一生都致力于对所谓"中国白"的研究。据说唐纳利最初接触到这种产于中国的白色陶瓷，是他在印度工作的时候，而一经接触便"不可收拾"，用他自己的话说："我完全被这种鹅绒一样的白色瓷器吸引了"。二战结束以后，许多流传在民间甚至是博物馆的文物大量损坏、流失，其中包括被称作"中国白"的名贵瓷器。唐纳利曾以几个先令就可以买到非常完美的明代德化窑生产的白釉瓷器，从此开始了他真正对"中国白"的漫长而艰辛的收藏和研究生涯。他几乎是用自己的生命，对这种生产于中国明代"神秘的白色瓷器"进行着搜寻，系统的罗列出散布于欧美各国各大博物馆里收藏和陈列的"中国白"瓷器，并指出西方人对这种瓷器的"关注与喜好"。他说：在西方，谈论"中国白"曾在某个时期被人们当作是一种时尚和兴趣的话题，甚至在一些古老的乡村庄园里都能看到主人将这种白色瓷器摆在非常显赫的位置上。

正因如此，欧洲各国始终做着"china梦"。1792年，

英国著名外交官马嘎尔尼在其日记中曾写下这样一段话："整个欧洲都对中国着了迷。那里的宫殿里挂着中国图案的装饰布，就像天朝的杂货铺。真货价值千金，于是只好仿造"，他所抱怨的是当时欧洲一种普遍的社会现象。自新航路开辟以来，中国的丝绸、瓷器、茶叶等商品大量输入欧洲，并迅速引起人们的尊崇，兴起了长达百年的"中国热"。英国人简·迪维斯在《欧洲瓷器史》一书中说："几乎整个18世纪，真正瓷器制作工序仍然是一个严守着的秘密。"而明代德化"象牙白"瓷的出现，对十七、十八世纪欧洲的陶瓷生产产生了极大的影响，不少皇家瓷器工厂都纷纷模仿生产，掀起了一股模仿德化瓷器的热潮。如德国的迈森（Meissen）工厂，法国的圣科得（S.Cloud）、钱蒂雷（Chantilly）瓷器工厂，英国伦敦西部的切尔西（Chelsea）工厂等等，德国迈森工厂还模仿生产德化的弥勒佛，著名艺术家伯特格尔（B.ttger）也用红色粘土复制了高十四寸的观音。（详见朱培初《中国白（Blanc de Chine）——德化瓷器》）毫无疑义，明代德化瓷雕艺术作品的出现和传播，对国内外陶瓷业产生了深远的影响，对世界陶瓷的发展作出了巨大的贡献。

而在促成欧洲皇家瓷器工厂模仿生产德化瓷器中的关键人物，也正是那位用600名御林军换取127件中国瓷器的奥古

匣钵成山

满地碎玉

斯特二世。

奥古斯特二世对东方瓷器的收集和收藏充满着强烈的欲望，这位萨克森王兼波兰国王的一生中，开支最大的一是战争费用，二是购买东方瓷器的费用。为了满足对瓷器的热望，奥古斯特二世不顾争夺王位继承权战争的庞大军事开支压力，仍拨400万马克作实验经费，命令炼金术师伯特格尔（Johann Friedrich B.ttger）日夜不停地从事制瓷试验，并把试制瓷器工作当作国家的一件大事，委派近臣、化学家巴尔底尔麦在德累斯顿邻近地区采集土样，供伯特格尔反复研究和试验使用。在奥古斯特二世亲自关照下，各地纷纷送来各种土、矿标本，几乎形成举国上下一致配合的局面，最终于1707年研制出欧洲最早的瓷器，完成了欧洲制瓷这一令人瞩目的伟业。

瓷器的烧制成功，为奥古斯特二世增加了财政收入，带来了国家的繁荣。为了确保制瓷秘方不致泄露，奥古斯特二世以软禁的形式，将欧洲陶瓷发明人伯特格尔严密地监督起来，勒令其建立迈森（Meissen）王室瓷器制作工厂。为了赶复活节王室用瓷的需要，伯特格尔依据奥古斯特二世提供参考用的两件瓷杯，制作了无釉杯、施釉杯、瓷盘、碗钵等复活节所需的一批瓷器，从而使迈森王室瓷器制作所生产的瓷器名声大振，逐步传至世界各地。

迈森王室瓷器的制作成功几乎震惊了整个欧洲，王公贵族对迈森王室瓷器的需要量逐年增多，奥古斯特二世命伯特格尔用一年时间，在德累斯顿西南90公里处发现生产硬质瓷所需的优质高岭土，并因产地取名施诺白土。用此原料最终烧制出仿制中国瓷器的白色瓷器（但它们所生产的仿品只能做到外表的相似，在质地、光泽、温润、精致等方面根本无法与德化窑"中国白"产品相比）。至今，欧洲国家的博物馆，留存着为了纪念迈森窑的投产而生产的整套茶具、咖啡具、花瓶、带盖瓷壶以及奥古斯特二世塑像、太阳神阿波罗塑像等许多作品。

1733年，萨克森王兼波兰国王奥斯特二世病逝，结束了他长达63年的动荡生涯，却留给后人35098件的瓷器珍品，其中德化陶瓷就有1250多件。

观音洞

见证当年瓷土开采的观音洞

观音岐山多名窑

Many Famous Ancient Kiln Sites in Guanyinqi Mountain

关键词：象牙白瓷　观音　何朝宗　碧象岩
粉盒　"琼瑶"　"琨瑶"

观音岐在德化县城东南，海拔738米，方圆7平方公里，山并不高大，却是闻名遐迩。它是磅礴连绵的戴云山脉中的一环，山峦秀丽，林木葱葱郁郁，犹如瓷都的一面翠屏。

此次探访观音岐，一则为了拜谒闻名遐迩的碧象岩，探究当年何朝宗所塑的观音等佛像，进一步深入了解何朝宗的生平事迹，二则进一步探求德化古瓷址的内涵，触摸那些令欧洲人一直做着"china"梦、辗转反侧睡不着觉的瓷器，感受祖国灿烂文化的辉煌，感受先民的智慧与勤劳。

观音岐蕴藏着极其丰富的优质高岭土，只要剥去表面土皮，就可采到大量雪白的优质瓷土，真可谓"取之不尽，用之不竭"，是一座天然、良好的制瓷原料宝库，当地人形容这里的瓷土像猪油一样洁白温润，因而又名"白泥崎"。据徐曼亚《瓷史》载："县之西南山脉，儒山、土坂、高洋、凤翥山、观音岐、五凤山均系瓷矿山脉。依全县山脉之探测，可谓尽是瓷矿"。

民国期间，对闻名欧美的德化瓷器情有独钟的美国医药商人兼化学家苏顿(W．J．Sutton)，慕名而来亲自到德化参观考察，并参观了德化近郊出产瓷土的矿山——观音岐，说："瓷土是从坑中开采的，开采的矿坑在半山腰中，距离山的顶峰约有四百英尺，一般是横的走向。这些小的矿山，距离城镇约有一英里或半英里，岩石运送到地面后，就严格地要求在水里一次又一次地净化，这些精密的要求就像十七世纪那样。除此之外，现在使用水的动力——磨坊来帮助工人们的工作。在磨坊中，用钢制成的倾斜的锤子不断地捶打、捣碎岩石，它是由一个直径八英尺左右的水轮发动的，这种磨坊的形式，在人类记忆所不能及的中国远古时代就已经发明了，但那是舂稻米用的。在许多小时的捣碎后，岩石在水坑里搅拌，开始从粗糙的岩石中分离出完美、良好的微粒。然后再碾磨，反复澄清，并且经过干燥，成为合适的合成原料，供瓷器工匠们生产时使用。"苏顿又说，近郊的小山所出产的柔和、光滑和滋润的粘土，看来有一部分用于瓷器的成型，作为主体；而一部分坚硬的，则用

观音岐山一角

来作为釉的原料。

观音岐的瓷土矿，自宋以来延续开采，历代四周乡民都到这里采土制瓷，烧制出大量洁白、优美的瓷器，源源不断远销国内外，受到人们的赞誉与欢迎。明代，聪颖的德化先民，采用白泥崎的优质瓷土，精心筛选提炼配成特质泥釉，烧制出一种"举世无双"、美如凝脂冻玉、似奶油又似象牙的瓷坛珍品——象牙白瓷，这种瓷种一传至欧洲，法国人直呼为"blanc de Chine"（"中国白"），意为中国白瓷之上品也。隆泰后所村的瓷雕艺术大师何朝宗用"象牙白"瓷创作的观音等陶瓷艺术作品轰动国际瓷坛，被誉为"国际瓷坛的明珠"、"东方艺术精品"。据当地老艺人介绍：瓷土开采后，要经多次淘洗练制，还要经过很长一段时间的陈腐之后，才能应用。烧成的器物，釉与坯浑然一体，釉色白中带黄，呈"象牙白"色，釉面晶莹剔透，光泽如镜，透光性极其良好，美若凝脂冻玉。

"白"为素雅圣洁之象征，故为人们喜好。"宋瓷尚雅、元瓷尚白"，元代一变宋瓷尚青为尚白，这和元代蒙古

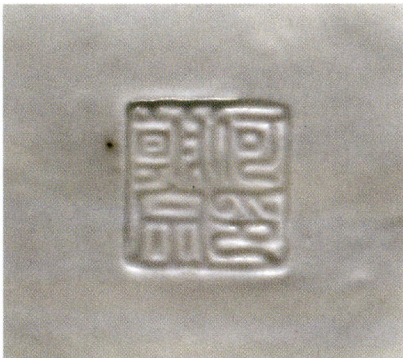

明·象牙白釉披坐观音（何朝宗）（现珍藏于法国吉美博物馆）

元·白釉
"曾公置"盖盒底

宋·青白釉
"吴常真"折沿洗

明·白釉印花盖盒

人的时尚风俗有关，据说"蒙古"之意为"银"，与女真之称"金"者相对，蒙古人因此崇尚银之白色，至今蒙人向贵宾献的哈达为白色，内蒙古的白银制作工艺至今仍历久兴盛不衰。白瓷还是后世祭祖庙器的祖本。正因为如此，德化白瓷"元时上供"，成为皇家宫廷的供品。

德化窑白瓷器的制造，从对瓷土的选料、瓷土的洗练、釉水的配置和讲究、入窑火候的掌握等工序都是有严格的要求。因为"白"，所以难以掩盖瑕疵，故各道工序都必须要求十分严格，从《马可·波罗行记》中有关瓷土的练泥之法即可见一斑。也正是因为"白"的特殊性，德化白瓷被视为拱璧，国内外各大博物馆及收藏家争相收藏。全球最大的综合性博物馆——大英博物馆中，展品中数量最多的就是德化白瓷，洁白似冰雪的德化白瓷是我国最早进入西欧的瓷器之一，连在马克思写《资本论》的大英博物馆阅览室的书架上，也有不少德化白瓷佛像陈列。随着需求量的增大，德化窑白瓷的价格也不断攀升。清代乾隆时期的连士荃在《竹枝词》中写到"白瓷"的价格："白瓷声价通江海"。

从德化窑瓷器的"白"，可以看出"色有其用"的妙处。德化窑的"白"，可以分为很多种，如白中微黄的"猪油白"，白中深黄的"象牙白"，白中浅黄的"奶油白"，白中微红的"孩儿红"（这是德化窑白瓷中最名贵的品种）。还有纯白的"鹅绒白"和白中泛青的"葱根白"等。其实，德化白瓷的呈色不同，与釉料中添加含钙的草木灰有关，宋应星《天工开物》："凡饶镇白瓷釉，用小港嘴泥浆和桃竹叶灰调成，似清泔汁（泉郡瓷仙用松毛水调泥浆）。"又《南窑笔记》："灰多则釉色青，灰少则釉白，……盖釉之青白不同者，在灰之添减之多寡。"

清·德化白瓷佛像（陈列于当年马克思创作《资本论》的大英博物馆阅览室的书架上）

五一期间，一行人相约探访观音岐，驱车到山脚下，沿着一条早已废弃的山路盘旋而上，这是当年运载瓷土的老路，路面还很宽阔的，由于瓷土矿洞塌陷等原因早已废弃，人迹罕至，到处是林木葱葱郁郁，蓬草丛生。观音岐山虽然不高，范围却相当大，在杂草树林间穿越了许久，依然是"云深不知处，只在此山中"。一路上到处是茂盛的蓬草，到处是宋元明清时期瓷土矿洞塌陷的痕迹，在蓬草的掩蔽之下，探寻起来脚下都有些微的颤抖，稍不留神就会踩空。这些塌陷，正是当年曾经大量开采瓷土矿的见证。观音岐的瓷土矿不仅蕴藏量极其丰富，而且质量上乘，时至今日，仍有瓷土矿在开采中。驻足于长满蓬草的瓷土矿坑之前，穿梭于静谧幽长的郁郁林荫之间，令人感慨万端。

观音岐山富藏的瓷土矿，为德化陶瓷业的兴盛奠定了不朽的基础。明万历年间陈懋仁所著的《泉南杂志》载："德化县白瓷……其坯土产程寺后山中，穴而伐之，绠而出之，碓极细滑，淘去石渣，飞澄数过，倾石井中，以漉其水，乃塼埴为器，石为洪钧，足推而转之，薄则苦窳，厚则绽裂，土性然也。初似贵，今流播多，不甚重矣。或谓开窑时，其下多藏白瓷，恐伤地脉复掩之。"万历十四年(公元1586年)《泉州府志》亦载："白瓷器，出德化程田寺后山中，洁白可爱。"这里的程田寺后山，即是指观音岐山，观音岐周围附近的宝美、浔中、隆泰、蔡径洞上、泗滨、三班、丁墘、高阳等村，都是德化著名的瓷乡，窑场密集、烟雾袅袅、水碓咿呀，先后出现了岭兜前欧、屈斗宫、太平宫、大垄口、祖

元·青白釉马可波罗瓶

明·象牙白釉持经观音（珍藏于首都博物馆）

龙宫、岭兜、尾林、南岭、月记窑、后所、六车、乐陶、后井、东头、洞上等许许多多名窑，已发现宋至清古窑址100多处，列为省重点文物保护单位；其中宋至明古窑址20多处，列为国家重点文物保护单位。这些古窑址中，有很多是当年外销瓷重要窑口，有很多当年的产品曾在日本、东南亚、中东、东非、西欧等地发现。

遥想当年，山脚下的水碓舂击瓷土不止，水碓声此起彼伏……山南山北，高高低低间，尽是古瓷窑，日夜喷吐陶烟，窑火映红了整个山坡，挥不尽的瓷香弥漫观音岐的漫山遍野……一箱箱、一担担精美的瓷器源源不断从这些古瓷窑产出、外运，随着刺桐港扬帆而远销海内外，其繁盛辉煌之致，不言而喻。陶瓷业的生产盛景屡屡成为官家诗人吟咏们的对象，从归德场场长颜仁郁的"村南村北春雨晴，东家西家地碓声"到知县殷式训的"宇内闻声说建窑，坚姿素质似琨瑶。乘闲每上峰头望，几道清烟向暮飘"；从知县胡应魁的"万山深处辟云关，室宇回环碧玉湾。百丈岭泉凭行引，千声水碓笑人闲"（《郊外漫兴》）到解元郑兼才的"百世无闲人，两间无弃土。工巧埏埴劳，疆骙供甇甀……"从侧面为我们勾勒出了德化陶瓷业的空前盛况。

当然，观音岐最为吸引人之处，除了"踏碎琼瑶尽作泥"的白瓷土外，就是闻名遐迩的碧象岩。

碧象岩位于观音岐山顶，岩宇四周林木茂盛、松涛阵阵，东五凤飞翔，南天马行空，西紫云缭绕，北金鸡报晓，山峦叠翠，峰回岫复。正殿供奉着瓷圣何朝宗塑观音、善才、龙女等佛像，香火兴盛，远近闻名，曾有"万家祷告万家灵"之传闻，白泥崎也就改称观音岐。"碧者，石之青美也"；"象者，象教之简言也"。顾名思义，是说观音岐山中，方圆数平方公里，富藏白瓷土、釉石。明朝末年，明万历三十五年（1607年）进士、与邢侗、米万钟、董其昌并称为晚明"善书四大家"的大书法家张瑞图（福建晋江人）（1570—1641年），优游田园林壑，忘情山水，他游历了德化戴云寺、虎卉岩、碧象岩等著名寺庙，留下了诸多墨宝，在戴云寺留下

明·象牙白釉铺首筒瓶

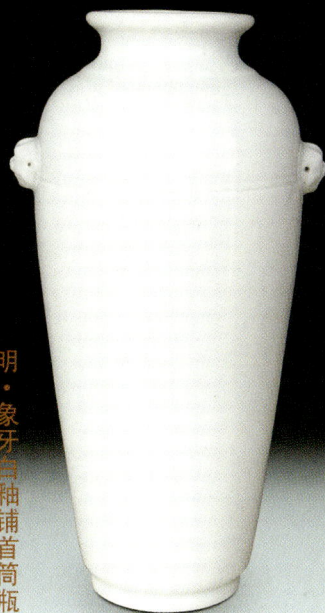

了"豪余精舍"的匾额及木刻楹联，在虎卉岩留下了"白雪"、"紫云"的壁刻……并在碧象岩留下了"怎得山因佛得山个个峰峦成佛骨；那知佛缘山知佛声声梵语皆山名"的联句。

碧象岩建于明万历(1573—1619年)间，据乾隆版《德化县志》载：碧象岩在观音岐之巅。明邑庠生陈至言、里民邱逢源、苏馥吾、颜锺台、孙凤栖、林则宇、吴丽孚，同舍田山建祀大士吴济川像。山产磁土，乡民挖取戕损，勒界禁之。其麓有仙迹石。库生陈凤鸣诗："何年碧象灵岩栖?踏碎琼瑶尽作泥。烨烨宝光开佛土，晶晶白气压丹梯。天花散满山花烂，竹影参差云影齐。欲觅仙踪归觉路，空余片石漫留题。"岩寺中住有和尚、居士、尼姑等负责管理日常事务。碧象岩宇经过数次的修葺，香火十分旺盛。民国期间，碧象岩仍然以清幽著称。颜肃斋《碧象岩读书》赞其曰"岐山古寺最清幽"。可惜的是，文化大革命期间，岩宇及泥塑观音等佛像均遭毁坏。

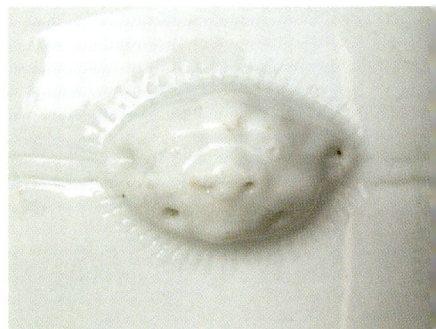

2002年9月，由原创建碧象岩的陈、邱、苏、颜、孙、林等姓氏的后裔倡议修复，翌年第一期工程竣工。正殿为砖木结构，屋架为穿斗抬梁式，外围用砖筑墙，屋顶为重檐歇山式，屋顶盖金红色琉璃瓦，显得格外富丽堂皇。正殿为四点金皇宫式，供奉泥塑观世音菩萨，左偏殿供奉达摩祖师，右偏殿奉吴公真仙。正殿大门顶悬挂着赵朴初题的"圆通宝殿"横匾，主殿两侧建有僧寮、斋堂。重修建后的碧象岩，岩门兴盛，到此顶礼膜拜的香客络绎不绝。在碧象岩旁边，还有一观音洞，那是很久以前即已废弃的瓷土矿洞之一，它见证了当年开采瓷土的盛况。据介绍，观音洞很深很深，后来人们将洞堵了起来，供奉着观音塑像，成为碧象岩一道迷人的风景。

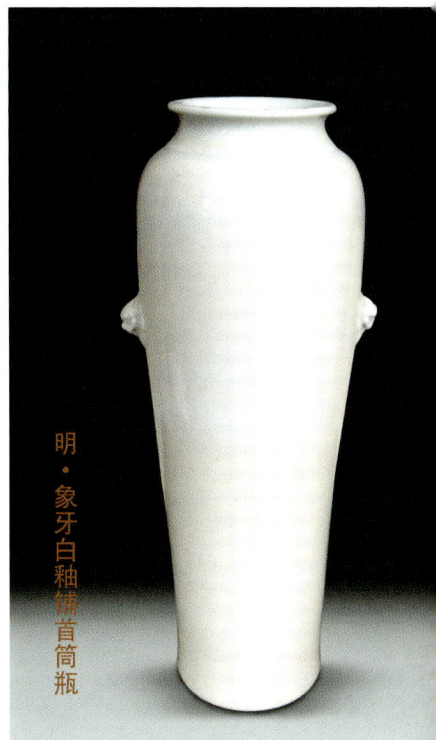

可以说，瓷圣何朝宗，因观音岐而不朽；观音岐，因瓷圣何朝宗所创作的观音塑像而扬名四海。

拜谒完碧象岩后，顺路来到了山脚下的尾林窑，这是一处宋元时期的古窑址。该窑址临溪，溪水潺潺。洁净的白瓷片以及废弃的匣钵、垫饼散落在地表上，特别抢眼，似乎在讲述着德化窑当年的辉煌。

2004年，中国古陶瓷学会名誉会长叶文程先生到德化古窑址考察，就曾到观音岐山脚下的尾林宋元古瓷窑，时值下着蒙蒙小雨，我有幸与之同行，并且在古窑址的废弃层上发现了一青白釉的马可波罗瓶及印盒底，瓷质十分的洁净，令人爱不释手，印盒底上面还凸印着"曾公置"字样。

沉浸在德化窑白瓷的素雅世界里，我猛然想起"踏碎琼瑶尽作泥"的一句诗，诗中写到"琼瑶"二字。无独有偶，清朝康熙时期的知县殷式训在《瑶台陶烟》中也以同样的语句在评价德化窑的瓷器——"坚姿素质似琨瑶"。"琼瑶"与"琨瑶"同为美玉，用以赞美德化窑的白瓷，可见其品质之高。著名教育家、学贯中西的大学者蔡元培先生曾赞，"中国几乎可以说是以出瓷器而闻名的一个国家，瓷器的白色程度而论，自当首推德化瓷……"在西方，德化窑白瓷被誉为"国际瓷坛的明珠"、"世上独一无二的珍品"。的确，在德化窑素雅的"瓷海"里，我们也只能用"琼瑶"、"美玉"等之类的词语来形容她、赞美她。

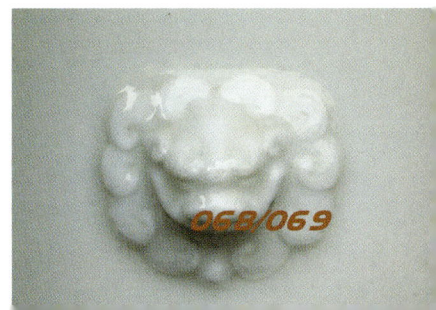

明·象牙白釉铺首筒瓶

明·象牙白釉堆塑虾蟹油灯

探访奎斗新窑、旧窑

Visiting Guidou Old and New Kilns

关键词：四方鼎炉 象牙白瓷
日用品 青花瓷

德化窑，以白色著称于世，有"中国白"之美誉，因为"白"，德化瓷被视若拱璧，国内外各大博物馆及收藏家竟相收藏。也正因为"白"，德化瓷令许多陶瓷专家和收藏爱好者望而却步，就那么一种洁白无瑕的颜色，如水无痕，真伪难辨，又如何能验明正身，走眼吃药，在所难免。正如维之在《可夸的德化瓷》称道："这也难怪，因为德化瓷器最难区别时代，五百年来制造着同样纯白的瓷器，没有标记，叫欧洲人怎么区别呢？"的确如此，就连那些长年与古陶瓷打交道的专家，由于种种原因只接触馆藏的那几件珍藏品，没有不断地更新知识结构，也常常一脚陷入泥水中，不知深浅，以一句"鼠尾兔耳"、"德化瓷器分早期晚期，以康熙为界，康熙以前的德化白瓷，在白天的时候迎光透视，它是粉红色的，康熙以后的，它发青白色"诸如此类不着要领之辞，忽悠着收藏爱好者。鉴别德化瓷，尤其是德化白瓷，如果没有综合胎釉、造型、艺术风格等方面的内涵，那是不太可能的。往往同一件德化白瓷，在德化当地，也常常是"蛙声一片"，"公说公有理，婆说婆有理"，这不——

话得从2005年10月的某一天说起，一位收藏爱好者收藏到一件明代的印有饕餮、夔龙纹的四足方形鼎炉，该鼎炉一出现，有的说是新近仿制的，有的说是百分百的明代老货，更有的说该鼎炉就产自三班奎斗窑，还有村民捡到的瓷片为证，一时轰动了德化收藏界，甚至连漳州、厦门等地的收藏爱好者也闻风赶到，一睹真假。

那四足方形鼎炉我也恰巧见过，并上手掂量过，造型如此精致的鼎炉，印花纹饰清晰，釉水温润呈牙黄色，究竟是不是明代的老货，究竟是不是产自奎斗的古窑址？那时候就有了探寻奎斗窑、以证虚实的想法，但由于种种原因一直未能成行。

三班镇历来是德化陶瓷重镇。且不说唐末五代即有"村南村北春雨晴，东家西家地碓声"的泗滨村，撰写德化县有史记载的第一部陶瓷专著《陶业法》的颜化綵，且不说宋元时期享誉海内外的佳春岭古瓷窑，也不说扼三班镇枢纽位置的三班村窑垄山窑，窑火不断，从宋代一直延续到明代，乃至清代，单说地处三班镇东北部的奎斗村，宋明清各个时期的古瓷窑也是遍布全村。

奎斗村位于泉州市龙门滩水库上游，三班镇的东北部，距德化县城5公里。分徐厝、陈厝、外洋、含待4个片区，全村面积16.2平方公里。发源于天马山麓的大云溪经儒坑贯穿南北，桥下溪、九董溪、仙人骑鹤、龙阙坑仔等支流汇集

明中期·白釉螃蟹洗

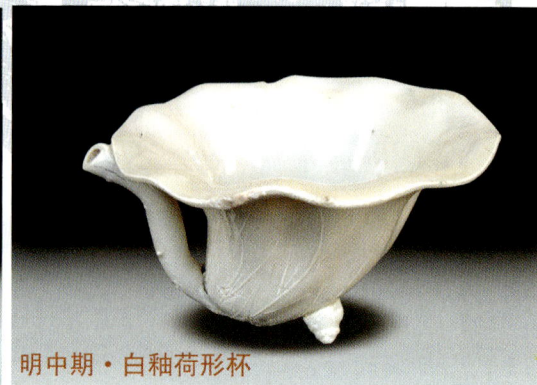

明中期·白釉荷形杯

明中期·白釉印花八仙杯

于中部，形成数块小盆地。大云溪在该村汇入浐溪。奎斗村依山傍水，风光秀丽，人杰地灵。

奎斗村陶瓷生产历史悠久，宋元时期即有先民烧制陶瓷，境内有湖枫林窑、碗窑2处宋元古窑址，旧窑、新窑、啤坝窑（又称"窑垄仔窑"）等明代古瓷址，以及水吼窑、溪口徐碗窑等清代古窑址。

在当地村民的指引下，我们穿过一条小路，沿着山坳一直往里走，谁也想不到，慕名已久的奎斗窑竟然隐藏在一片竹林之中。若没有知情的村民指引，恐怕又得翻遍了整个奎斗村。走近古窑址，一块保护石碑掩映于草丛中。"快看！"同行的收藏朋友叫了起来，"连土墙上都是古瓷片！"顺着他的指点，原来该窑址旁边一幢建于上世纪六七十年代的两层的土木结构房子，其土墙的土就地取材，取自于附近，连古瓷址丰富的瓷片也夯在了土墙之上，有洁白如玉的白瓷片，也有青翠欲滴的青花瓷片，无意之间造就了一处迷人的风景。

"这里就是奎斗新窑。"同行的收藏朋友说道，"是旧窑废弃后，迁移到这里重新建造的。"奎斗新窑从明代一直沿用到清代，既烧制白瓷，也烧制青花瓷。窑址地表尽是裸露的瓷片和匣钵之类的窑具，多得令人惊诧。据了解，这里的瓷土比甲杯山窑、后所窑等其他窑址的质地要坚硬些，比较适合烧制诸如四足方形鼎炉之类的容易变形的器物。尽管如此，在新窑废弃层中，一摞摞的变形的陶瓷粘结在一起，依然是随处可见，这是烧制温度不好控制、窑温太高的缘故。遥想当年，在没有什么高科技的借助下，要烧制出完美无瑕的陶瓷来，一切只能凭借"火眼金睛"看准火候，其中的艰难可想而知。据民国时期美国化学家苏顿说，"德化窑炉的燃烧温度约在摄氏1410—1435度，这是十八世纪欧洲瓷器生产长期以来所不能解决的关键问题。当然，中国德化瓷器的优美釉色，并不主要是由于烧窑的高温，而是在于艺人卓越的技巧和丰富的经

明·象牙白釉印花夔龙纹方形鼎炉

验。"奎斗新窑白瓷的质地坚硬致密，胎体洁白温润，釉面十分洁白，如白玉，是典型的明代德化白瓷风格，但与后所窑、甲杯山明代窑址的白瓷相比较，其莹润程度及牙黄色等终是不如。

除了大量的白瓷片外，地表上还发现了许多青花瓷片，其发色青翠沉稳，聚釉厚处有明显的崩裂缩釉的铁锈纹痕，俗称"蚯蚓走泥纹"，呈现于图画之中，成为山石的裂隙、树木的皮裂或人物服饰的皱折，纹理自然，妙趣天成，别具风格，这是德化青花瓷区别景德镇青花瓷的典型特征之一。这里烧制的瓷器绝大多数是日用品，器型多为碗、盘、罐、杯、盏之类的日用品，也有香炉、印盒、花瓶之类的陈设品。面向国内外市场，以市场需求为第一位，这是德化窑久盛不衰的原因之一。

考察了新窑后，我们继续往山坳里走，途中经过一户人家的老房子，庭院还挺宽敞的，在庭院的角落里，不经意间，瞥见了一个清初的青花鱼化龙纹笔洗，竟被当地老人用来喂鸡，可惜的是，笔洗磕磕碰碰，破损十分严重，实在是暴殄天物，不免令人连连叹惜。走了约莫十来分钟的路程，我们又来到了奎斗旧窑。旧窑与新窑相似，依山坡而建，窑址掩蔽在一片竹林之中，整个山坡上到处是洁白的瓷片和废弃的窑具。同样是大量烧制白瓷器，同样是以生产碗、盘、罐等实用品为主。在偏远的山沟沟里烧制陶瓷，这与附近有着丰富的瓷土、森林、水力资源，有着莫大的关系。据了解，在这山坳里，就蕴含着丰富的瓷土矿。然而，令人疑惑不解的是，考察奎斗旧窑址的废弃物，旧窑只延用至清初，为何就废弃不用而在附近另选他址建造新窑呢？建造一条窑炉，其成本甚大，好好的窑是不太可能无缘无故废弃的。或许是遇上了窑炉塌顶，或许是窑主人流年不利，已无法继续经营下去……一切都成了无解之谜。

遗憾的是，在奎斗旧窑和新窑，都没有看到类似四方鼎炉的瓷片，无法与之相互印证。古人云"月有阴晴圆缺……此事古难全"，或许，留下一些遗憾，这正是奎斗窑的另一个迷人之处吧。

夕阳西下，带着不舍，我们离开了奎斗窑，回望山坳里的奎斗窑，映着落日的余晖，显得十分谧静。透过鲜红的余晖，我们似乎又看到了德化窑火熊熊燃烧的盛况，书写着德化陶瓷发展史灿烂的一笔。

明中期·白釉鸭子水注

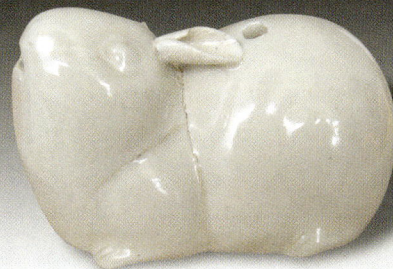

明中期·白釉青蛙笔洗

明中期·白釉瑞兽水注

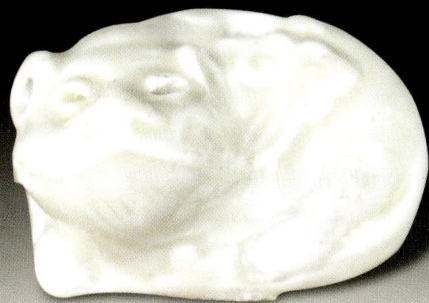

明中期·白釉兔形水注

「泰兴号」沉船上的德化青花瓷

瓷白梅香话梅岭

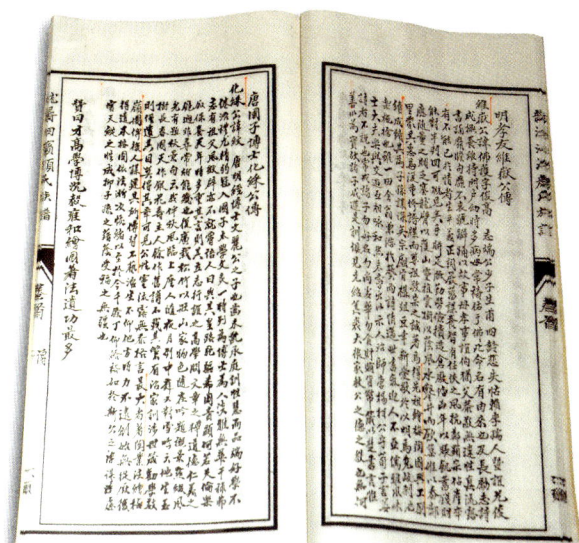

（chèn）古同"龀"，毁齿之意）承庭训，性慧而品端，好学不倦，治礼尤精，弱冠入国子太学，文炎一时，列为博士……最大者著陶业法绘梅岭图，俾后人谋建其所传习工艺治生不仰他，方时力不逮，创始无从，厥后得遗，承按图依法，渐次恢绪，以至于今，千余丁仰给裕如于斯。"

颜化綵潜心研究陶瓷烧制工艺，认真总结前人的宝贵实践经验，改进生产技术，撰写了德化县有史记载的第一部陶瓷专著《陶业法》。此后，又根据陶瓷烧制过程及工艺特点，规划了如何大规模发展陶瓷业生产的宏伟蓝图，多次勘察泗滨村北的梅岭，根据其依山傍水、方向朝南、水力资源丰富等优越的自然条件，以远见卓识，绘制出了梅岭窑的发展蓝图——《绘梅岭图》。尽管当时由于力不逮，创始无从，却留下了宝贵的陶瓷技艺，供后人学习。

梅岭窑场集中了陶瓷生产所必备的元素：附近俗称为白泥岐的观音岐山蕴藏有储量丰富、质地上乘的瓷土，开采和运输比较便捷；泗溪常年奔流不息的水，为水车加工瓷土提供了源动力；近地生长茂盛的森林，解决了这里烧制陶瓷所需的大量木材。

梅岭窑的兴盛，则是到了明代中时，颜化綵的13世孙颜俊高（1425－1485

关键词：陶业法 梅岭窑 梅花杯 35万件青花瓷泰兴号沉船 《窑工》

梅岭窑，在德化古瓷窑中占有特别的地位。

提起德化陶瓷史，就不能不说起颜化綵，不得不提及梅岭。

可以说，唐末五代的泗滨村，制瓷业就已经相当发达了。从曾任归德场（即德化县之前身）场长、并有诗篇入选《全唐诗》的颜仁郁遗留的诗作中可见一斑："村南村北春雨晴，东家西家地碓声。"描绘的就是当时千家万户烧制瓷器用地碓春击瓷土的情景。

在三班镇泗滨村，我们有幸看到了重修于民国十六年（1927年）的《龙浔泗滨颜氏族谱》，里面有这样关于唐国子博士化綵的记载："化綵公讳纹 唐明经博士文丽公之子也，齿未龀

清中晚期·白釉梅花笔筒

清中期·白釉梅花豆

清中期·白釉梅花水盂

年），得其《陶业法》及《绘梅岭图》善本，发挥其智慧、胆略与组织才能，积聚资金，发动族众等依图兴建梅岭窑场。从此，泗滨瓷业生产走上了一个新的历史发展时期。此后，梅岭窑屡经一再拓展扩建，遂发展成规模宏昶、名驰遐迩的陶瓷生产基地。生产最旺盛时期有30多条龙窑投入生产。《龙浔泗滨颜氏族谱》称其：得先祖绘梅陶图，兴工创续成绩，其为子孙谋深矣。

梅岭窑址，位于三班镇泗滨村北侧的南岭，俗称南岭窑址。泗滨村三面环溪，北靠大山，全村土地面积3.65平方公里。然而，就在这弹丸之地，目前已发现了大垄口窑甲址、乙址和尾林窑甲址等6处宋元明清古窑址。据考证，从唐代开始，泗滨村颜姓先民就先后沿上寮、尾林、大垅口、内坂一带依溪建碓，加工淘澄瓷泥，依山建窑烧瓷，产瓷不断，陶瓷产品源源不断地销往各地及海外……历史上与宝美、隆泰、丁墘、高阳并称德化五大窑场。

梅岭窑址依山傍水，坐南朝北，地势宽敞，窑区水碓傍溪涧递序而建，瓷窑工场依山坡层次而筑。水碓、淘坑、工场、窑炉、仓舍等从瓷土加工、瓷浆淘澄、制坯成型至装钵烧成等全流程生产设施构建配套齐全，是明清以至民国时期一处建设布局配套较为科学合理有序的瓷业生产基地。清康熙、乾隆年间，这里建有龙窑30多座、工场作坊100多间，从业人员达1000多人，当地的颜姓村民除老人小孩外，所有劳力几乎全部来到梅岭窑场制瓷。直到上世纪80年代，这里仍有20多座龙窑在正常生产，规模位居全县前列。

此次到三班梅岭窑，正值艳阳高照，经过一公里多的山路，来到了梅岭窑，整个山坡到处都是郁郁葱葱的草，长得特别旺盛把窑址盖得严严实实的，只有路边的裸露的土层可以看到不少碎瓷片，嵌在那儿。

山路上随处可见碎瓷片，这些瓷片大多是清朝时期的青花瓷，瓷质肥腴，釉水呈淡青色，十分的赏心悦目。

整个山坡都是古窑址，但是由于蓬草太过茂盛，而且草叶似锯齿般的锋利，稍不小心就被割个鲜血直流，没办法深入蓬草内探个究竟，实在令人遗憾。好在山路边裸露的土层中就有不少的瓷片儿，轻轻地取下来，一片片的都是那么的清亮纯净，仿佛就像刚从窑炉中捧出来。

　　这些陶瓷碎片，其器型丰富多样，既有白釉的粉盒盖、碗、杯子、瓶、壶、盘子等器型，还有筒式炉、水注等等。不少白釉碗内还有三个支钉的痕迹，这是当时为了能大宗生产、节省材料、充分利用窑炉空间而采用的叠烧技艺。在甲杯山、后所等古窑址，五六层叠在一起的变形的碗摞儿，也是随处可见，这与梅岭窑同出一辙，互为印证。这一类白瓷产品的釉水介于青白与象牙白之间，瓷质细腻坚致，釉色洁白，而且白度较高，是明代德化白瓷的典型作品之一。

　　在这里，还流传有这么一个关于"梅花杯"的动人的民间故事：梅岭窑有个老瓷工酷爱梅花，人称梅翁，夫妻结发30多年未有生育。有个晚上，夫妻做了一个同样的奇梦，梦见五位手捧梅花的仙女从天而降，向他俩吟诵了四句祝词："梅放谱新曲，开岁庆新禧，得香降后福，好景无尽期。"这是四句藏头词，各取字头一字拼起来，刚好是："梅开得好"，"好"字拆开就是"女子"，预示他俩将要得个女孩子，他俩高兴极了。果然冬去春来，在梅花盛开之时，梅翁夫妇生了一个如花似玉的女孩，取名雪梅。

　　雪梅自幼聪明伶俐，梅翁夫妇爱如掌上明珠，到雪梅长大后，梅翁按照她的意愿，贴出择婿招贤榜，选择吉日拱擂台招亲，限定在一小时内当场设计出一种以梅花为装饰或造型的精美瓷器，招亲那日，求婚青年纷纷应试，各显身手，不到一小时，设计出的梅花杯、梅花盆、梅花缸、梅花碟、梅花瓶……琳琅满目，美不胜收。其中，瑶台村（即宝美村）一位姓苏的青年设计的梅花杯，一边枝上堆有三朵梅花，表示对梅翁一家三人的尊敬；一边枝上堆贴有一朵含苞欲放的花蕊，表示对雪梅的爱慕，花蕊下衬托的一对花叶，表示对雪梅的追求，底周还附上一笔架形的梅花树杆作为承托支架，象征着对未来美满幸福生活的寄望。这个梅花杯造型别致，寓意深刻，姓苏青年得到了雪梅的青睐。雪梅结婚后，为了使这种珍贵产品能够流传世间，就把它送到窑场给窑工们仿造并投入生产，从此，德化的瓷器就大量地出现了以梅花为装饰的新景象。

　　"疏影横斜水清浅，暗香浮动月黄昏。"可以说，梅花杯是明代德化民间艺人所精心创制出来的艺术杰作之一，是对梅花的品质最好的演绎，在德化的瓷器中占有相当显要的位置。把梅花运用于瓷器的造型和装饰，不但开创了明代德化瓷器的新局面，而且对后世产生了很深远的影响。明清以来，德化把梅花作为一种传统的造型和装饰技艺加

梅岭窑一角

清·青花灵芝纹盘

清·青花花篮纹盘

清·青花晨兴半炷香纹盘

清·青花山水人物纹盘

以继承和发扬，在碗、杯、盘、壶、瓶、汤匙以及文具等很多器物上都装饰梅花，有的用堆贴，有的用浮雕，有的用彩画，有的用模印，其立意清新，构图巧妙，富有生活气息，栩栩如生，将梅花不畏严寒的品性、铁骨冰心的崇高品质和坚贞不屈的气节表现得淋漓尽致，形成了德化瓷器的独特风格。

除了白瓷外，梅岭窑青花瓷也颇有特色，圈足多用双圈线作装饰，而且碗底中间大多有双圈款识——有"顺"、"南"、"成化"等款识。尤其是发现的两块青花书有"南"字款识的瓷片，兴许就是"南岭窑"的标识呢！

青花的纹饰主要有缠枝牡丹、缠枝双喜、凤朝牡丹、云龙火珠、城楼行船、云龙、牵牛花、鱼、葡萄、灵芝、莲花、兰花、菊花、荷花、花鸟、博古、花篮、山水、人物、寿字、蝙蝠、秋叶、花草等，梅岭窑的工匠们不似官窑的拘谨工整，而是充分发挥了自己的独创性，无拘无束地在瓷上画出大千世界，一笔一画皆爽朗之至。就单是那"凤朝牡丹"这普普通通的图案，也少见有雷同的，其洒脱其爽朗，各具特色，令人叹为观止。可以说，德化窑青花瓷以其装饰图案题材取材丰富、构图简洁舒展、笔法洒脱豪放，画风朴实大方等独特的艺术魅力，倍受国内外收藏家的青睐。而梅岭窑的青花瓷，正是德化青花瓷的缩影之一。梅岭古窑址，在清代青花窑址当中，是规模最大、瓷质较好、品种繁多的窑址之一。

至今，在梅岭及其附近的大垅口、尾林等处的古窑址，只要拨开杂草或表土

清·青花花卉纹盘

层，仍能清晰地见到，窑场的废弃物长年累月而形成的大面积堆积层。1953年、1966年、1976年，省、地、县有关部门先后组织人员对该址进行普查。

该窑址主要器物有碗、盘、碟、杯、洗、钵、盒、瓶、壶等，装饰釉下青花图案，有缠枝牡丹、缠枝双喜、云龙火珠、城楼行船、云龙、牵牛花、鱼、葡萄、灵芝、莲花、兰花、菊花、荷花、花鸟、盆花、花篮、山水、人物、寿字、蝙蝠、秋叶、花草等。内底款有珍、光、合、玉等，外底款有合裕、建全、信玉、石玉、双玉、元、吉、珍等，这些商号款，体现了当时商家祈盼生产发展、生意兴隆、财源广进等涵义，从中可见当时德化的经营方式有的是一家一户单独建窑烧瓷，有的是几家几户或全村合建一窑联合烧制，它充分体现了民窑生产方式的特点。这些器物在西沙群岛及东南亚的泰国、菲律宾、印度尼西亚、马来西亚等国家的陆上和水下遗址中均有发现。

最为收藏界震撼的是，这里不少青花瓷的纹饰与"泰兴号"沉船上发现的35.6万件的德化青花瓷如出一辙，其瓷胎釉质、画面内容、画技风格等都有着惊人的相似之处。可以肯定地说，"泰兴号"沉船上的青花瓷，就有相当一部分的产品出自梅岭窑。

1822年（道光二年）1月，一艘长50米、宽10米、重1000多吨的"泰兴号"巨型帆船，从厦门港出发，朝古称爪哇的印度尼西亚驶去，船上载有2000多名乘客和船员，船底货仓里装满了主产地来自德化的瓷器，是当时少有的巨型中国帆船。当船行至南中国海中沙群岛时为逃避海盗抢掠而改变原来的航行路线，不幸的是，船体触礁，船身入水，并在一个小时内迅速沉没，1800多人尸沉海底。1999年，"泰兴号"沉船被英国打捞专家迈克·哈彻率领的打捞队打捞出水，当装满了整整一船的青花瓷器展现在英国打捞船上时，所有的人震惊了，船上多达35.6万件的瓷器大部分完好无损，经专家考证，这35.6万件青花瓷大多是18世纪末至19世纪初德化窑生产的青花瓷器，这样一船共计约35.6万件青花瓷震惊了整个世界。2001年11月，这些瓷器在德国斯图加特公开拍卖，总成交额高达2240万德国马克，在世界拍卖史上创下了空前的记录。这些瓷器主要是碗、碟、盘、

杯、汤匙等之类的日用生活饮食器皿，其装饰图案多以树石、兰石、菊石、花篮、书生晨读等图案，布局疏朗，笔法流畅，充满了雅致清爽的民俗生活气息。这些瓷器不仅展示了中国独特的陶瓷装饰手法，也从一个侧面描绘了当时中国南方沿海地区人们的生活情况。

清朝嘉庆间，生长于三班硕杰村的解元郑兼才（1758～

"泰兴号"沉船上的德化青花瓷

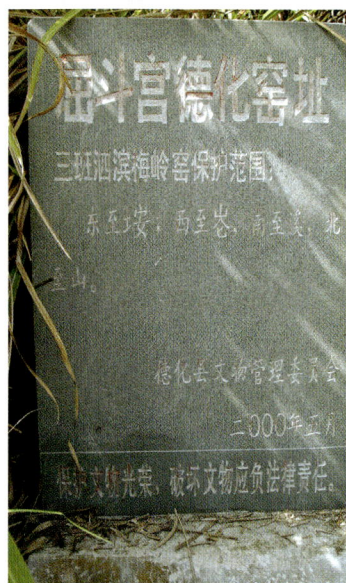

1822年），曾与侯官谢金銮合修《台湾县志》，后又大力参与《台湾府志》的补修工作，撰有《募修台湾县学宫序》、《代台郡请广乡试中式额及岁科入学额》、《鹿耳门天后庙额跋》等文稿，为发展台湾文化做出重大贡献。郑兼才同样对家乡的陶瓷生产十分熟悉，对辛勤劳作的窑工有着浓厚的感情，《窑工》诗描绘的正是当时德化青花瓷大量外销的盛况："骈肩集市门，堆积群峰起。一朝海舶来，顺流价倍蓰。不怕生计穷，但愿通潮水。"

清末民国时期，由于战争频仍，民不聊生，德化瓷的生产处于风雨飘摇之中，陶瓷生产时断时续，陶瓷市场日趋萧条。三班泗滨人、清宣统元年岁贡颜肃斋（1876-1942年）曾留有《泗滨十八景》的诗吟，其中就有以梅岭烧制陶瓷为题材的《梅岭陶烟》："陶开梅岭散烟波，岭上梅花白几何？玉骨虽无尘气染，压姿惟有雪添多！"此时的梅岭窑，已全无明清时期"骈肩集市门，堆积群峰起"的盛景，剩下的只是"压姿惟有雪添多" 以及"而今崩陷遗

千窟，玉积金堆难屈稽"的万般感慨。（颜肃斋《岐山白泥》"天产岐山遍白泥，熔成陶器御钦题。而今崩陷遗千窟，玉积金堆难屈稽。"）

如今，梅岭窑早已停产，昔日映红了天空的窑火不再熊熊燃烧，人去窑空，梅花不再，蒿草成了这里的主人。蒿草穿过窑洞，挤满了工棚，占据了堆柴场。铺天盖地的蒿草轻轻地触摸着每位来者的思绪，无言地诉说着当年梅岭窑的宏大规模。

"泰兴号"沉船上的德化青花瓷

蔡径龙窑

青花翘楚　月记传芳

Famous Trade Mark "Yueji" of Blue-and-White Porcelain Produced from Dongshang Kiln in Caijing Village, Sanban Town

关键词：月记窑　紫云洞　青花瓷
五彩瓷　商标官司　龙窑

作为千年古瓷都，德化的历史不在纸上，知道它的只有瓷，只有窑。瓷像德化的魂，窑则是德化的心脏。龙窑是陶瓷窑炉的一种，在德化一度盛行，为传统陶瓷业发挥过巨大的作用。时至今日，由于科技进步，龙窑绝大多数已被现代化的窑炉取代，如今德化烧制瓷器的龙窑仅余四五条，其中保存最完好、烧制历史最为久远的是位于三班镇蔡径村的洞上窑，已有近400年的历史，可以说是龙窑的活化石。一窑延续了数百年的炉火，就是一窑延续了数百年的陶瓷历史。

明末清初，是德化窑最为兴盛的时期，特别是康熙海禁开放以后，瓷器在民间贸易中数量倍增，同时又进口青花钴料，改变了单纯利用土产钴料的状况，德化青花工艺渐臻成熟，青花瓷得到了迅猛的发展，从而进入了瓷都历史上的全盛阶段。尤其是"康熙、雍正、乾隆"三朝，是德化县青花瓷最为繁荣的时期。青花瓷生产迅速发展，有其特殊的历史背景：一是清政府在沿海一带加强镇压郑成功抗清义师，沿海瓷窑停烧，窑工们进入内地山区开发。二是德化有丰富的自然资料，外商看好德化青花瓷，虽带浓重的民窑风格，但质量上乘，价格便宜。而景德镇官办的"御器厂"不景气，好的产品都作为宫廷用瓷，加上清政府对社交场合饮食用具及日常用具的规定，增大了市场需求量。三是清政府在平息了台湾的抗清运动后，又鼓励发展生产，扩大贸易。德化地近沿海，交通便利，可在官办的港口或民间走私船只进行陶瓷贸易。据文物普查，全县青花窑址有177处，为历代以来窑址数的最高峰。

德化青花瓷器，瓷土淘炼精细，胎体滑润致密，胎釉结合紧密，釉面呈青白色或纯白色，钴料采用本地产金门青或输入江浙料配套，上乘的呈色或浓重鲜艳或淡雅明丽。由于钴料中含铁成份较高的缘故，聚釉厚处往往发生崩裂缩釉的铁锈纹痕，俗称"蚯蚓走泥纹"，呈现于图画之中，成为山石的裂隙、树木的皮裂或人物服饰的皱折，纹理自然，妙趣天成，别具风格，成为德化青花瓷区别景德镇青花瓷的典型特征之一。

在177个青花古窑址中，三班镇蔡径村洞上窑、龙浔镇宝美村石排格窑乙址（又名车碓岭右窑）、龙浔镇宝美村岭兜月记窑等是其中的佼佼者，堪称德化青花的"官窑"，于1961年5月由福建省人民委员会公布列为第一批省级重点文物保护单位。其主打的著名品牌——"月记"款青花瓷，瓷质滑润致密，胎釉结合紧密，釉面呈青白色或纯白色，装饰图案题材丰富、构图简洁舒展、笔法洒脱豪放，画风朴实大方，青花发色或浓重鲜艳或淡雅明丽，令人爱不释手。在不少收藏家的藏品中，就有相当多的"月记"款识的青花瓷。据徐曼亚《瓷史》介绍，德化一区高蔡乡有一个古窑叫"洞上窑"，产白地青花器，款识是"月记"二字，所以也叫"月记窑"。

"满街杨柳绿丝烟，画出清明三月天。好是隔帘花树

清·青花福禄寿三星纹花觚

清·青花克拉克盘　　清·青花鲤鱼纹盘　　清·青花博古纹盘

清·青花鱼化龙纹盘　　清·青花缠枝蝶纹盘　　清·青花龙纹盘

动，女郎撩乱送秋千。"4月5日，正是清明节后的第二天，阳光明媚，天空一片的清朗，与"清明时节雨纷纷"形成了极大的反差，几个朋友相约到蔡径村的洞上窑探访一番。

蔡径村地处低山丘陵地带，平均海拔600米，境内小溪贯穿南北，水源充沛，年均气温17℃，年降雨量1800毫米，这里群山环抱，风景秀丽，境内罗城山东麓，有一古庙宇紫云洞，元道人吴济川长子景阳修真于此，昔洞顶常有紫云蒸蔚，故名。有诗云："清宵月色满空山，笛里梅花点点斑。孤刹一钟天际落，两生半榻梦中闲。疑从桃水通渔入，应有缑山跨鹤还。会得此时真觉路，飞升秘诀总堪删。"（明·李云阶《宿紫云洞》）"紫云梵刹入云端，俯仰崆峒眼界宽。岭峭斜穿门是石，峰回遥拱谷如盘。寺钟晓和书声响，佛火宵陪客话阑。洞古仙灵腾紫气，乾坤一望等弹丸。"（清·谢祈出《紫云洞》）

由于同行之中没人到过洞上窑，我们还特地叫了个与蔡径村交界的一个高阳村朋友，不过这位朋友也没到过洞上窑古窑址，只是隐约知道古窑址的位置。到了罗城山，一条清澈的小溪潺潺地流淌着，旁边还有个舂瓷土的土碓，水车还在不停地转着。山脚下有一片居民小区，都是从偏远山坳里迁移出来的幸福家园。由于不知

道具体位置，加上人迹罕至，蒿草疯长，特别的高，特别的茂盛，把整座山包得严严实实的，什么也看不清楚。我们只好在蒿草之中，一个山坳一个山坳地翻找，手臂被蓬草割得鲜血直流，还是一无所获，连一小片的瓷片儿也没看到，眼看已时至午时，大伙不免有些泄气。

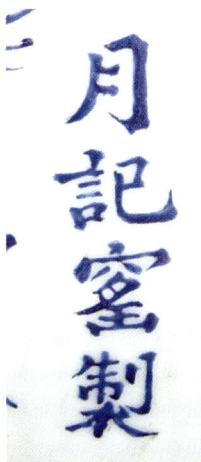

清早期·双龙戏珠纹罐（珠明料）

就在我们一筹莫展时，正巧遇上了当地专门仿制古瓷的烧窑师傅，在他的带领下，我们才找到了久负盛名的省级文物保护单位——洞上窑。

谁也想不到，那月记窑和当时的窑老板的大厝竟然建在小溪的水尾。更没想到的是，在古窑址的地表，覆盖着厚厚的青草，黑熟的窑砖半掩映在草丛中，从露出的窑基还能看出当年窑址的规模。而且想像中那随处可见的支圈、垫圈、支座、垫饼、匣钵及青花瓷瓷片，竟然什么也没看到。在窑址周围查找了许久，才发现一个匣钵，里面还有一个覆口粘连在一起的白瓷杯子。据居住地那大厝的徐姓老人介绍，原来这里的瓷片到处都是，只到上世纪80年代初，洁净漂亮的瓷片被整车整车地拉去粉碎，作为建筑材料，实在令人叹惜。

徐老人说，当年，这里的窑老板是永春县溪美的郑氏，原先是在石排格那儿拱窑烧瓷，后来，紫云洞的仙公托梦要他们把大厝和瓷窑建在水尾，定能人丁兴旺，于是就有了现在的洞上月记窑和郑氏大厝，直到解放前才将郑氏大厝转让。老徐说，这里的大厝，左边是日山，右边是月山，大厝内还遗存有不少当年精美的壁画和木制窗棂，其中有一幅壁画，落款时间为咸丰元年。据说，咸丰年间，该大厝主人还到外地当过知县，十分的荣耀，从该大厝遗留的精美的壁画可见一斑。而著名的月记窑就在月山的小山坡上，当年就建有五条的瓷窑，一个紧挨着一个，而瓷土则产自如今的幸福家园那里的瓷土矿洞，据老一辈说，从那儿挑瓷土到瓷窑这里，需要歇七个杖位……那月记窑生产的青花瓷，胎质润洁细腻，青花发色青翠欲滴，画风工整，充满了诗情画意。至于有关月记窑的衰落，更是另有一番的玄机。据说，那一年正是紫云洞仙公请火的盛大日子，锣鼓声、鞭炮声、铳炮声，此起彼伏，人们舞狮抬龙，十分的隆重热闹，在瓷土矿挖瓷土的矿工们都跑出来看热闹。没想到所有人刚出矿洞口，只听得"轰"的一声响，瓷矿洞就塌了下来，把整个瓷矿洞掩盖得严严实实，做瓷的瓷土没了来源，月记窑也就此慢慢衰落……

就在我们带着有些遗憾要离开时，月记窑址附近的农家墙脚根下，发现了好几块瓷片，画面内容为缠枝蝶、缠枝蝶双喜图等，底部书有双圈"月记"款识，呈方形，双圈，横写"月记"二字，青花发色十分的青翠。此外，还发现了一块残破的白瓷碗，瓷质特别好，胎质细腻，釉水呈青白色，十分均匀，映光仍然可见指影，估计是烧制彩瓷之用。有意思的是，"月记"二字的排法也有好几种：有的"月"字在右，有的"月"在左，有的还将"月记"简写成"脂"，甚至有的直书单个"月"字，体现了民窑的率真和随意。在传世品中，我们还常常看到书有"日记"的商号款识，其发色和装饰风格与"月记"窑的青花瓷同出一辙，或许就是"月记"窑的产品。而取名"月记"、"日记"，或许就是窑老板纯粹一时的触景生情，取之于其大厝两旁的月山、日山而已。

月记窑的青花瓷，是清代德化窑青花瓷中的翘楚，代表了德化青花艺术的最高水平。明末清初，政治的黑暗、社会的动荡，许多文人只能远离政治，闲云野鹤般地徜徉于山林秀水之间，意在"寄兴抒怀"，求得"心远忘世"，求得"萧条淡泊"的宁静、恬适。画家表现兴趣多专注于大自然，或放情于山水，或寄笔墨于缘情。"艺术是现实生活的再现"。在德化青花瓷中，就有许多表现仙人高僧及文人隐士的题材，画面中文人、隐士们或在松林荒郊及茅舍庭院中弹琴、饮酒、论道、吟风咏月，或骑着马，后面跟着书童，行走在丘壑泉石、烟云竹树中。这一类画面在明后期乃至清初的德化窑青花瓷中得

| 清·红绿彩瓜牒纹盘 | 清·红绿彩瓜牒纹盘 | 清·粉彩多子多福纹盘 | 清·粉彩童子纹盘 |

到了极大的体现，俗称为"高仕图"。由于青花是釉下彩，使用毛笔饱蘸青花料水直接画在未烧的、具有吸水性的坯胎上，较好地表现出了文人画所追求的水墨淋漓的晕染效果。这些画中人物，或悠闲自在，流连于松林泉石间，或超凡脱俗，卧醉于竹林荫道里，或潇洒自如，徜徉于青山绿水中，生动地表现了当时文人隐士悠闲恬淡的生活情趣。这些画面受当时文人画的影响，讲究笔墨与意境，所绘人物往往是寥寥几笔，略加点染，人物与疏朗空灵的背景融为一体，充满了文人所追求的情趣和意境。

在德化窑一些青花笔筒、笔洗、香炉等文人常用的器皿上，常常装饰有文人们所喜爱的画面，这些画面题材多为当时文人画中常见的，如王羲之爱鹅、陶渊明赏菊、周茂叔爱莲、李太白醉酒、松下独坐、高崖垂钓、携琴访友等等。这一类画面，陶工艺人们竭力摹仿当时文人画中湿墨淡彩、淋漓疏爽的表现手法，以轻松古淡的笔法，表现了当时文人们所追求的淡远疏朗的意境，同时，又肆意发挥，使画面更加生动有趣。

釉上彩 彩出万千世界

除了生产青花瓷，月记窑还生产大量的五彩瓷和粉彩瓷。这些釉上彩瓷是在高温烧成的白瓷上，先采用手绘法勾勒描绘出纹饰的轮廓，而后按图案纹饰的需要，以平涂法，将红、黄、绿、蓝、紫等各种带玻璃质料的彩色，施绘于器物的釉面上，再经彩炉二次低温（约700摄氏度）左右焙烧而成。

无独有偶，不仅在后所古窑上发现了清代中晚期的釉上粉彩的杯子，在月记窑址附近也发现了一件类似的釉上粉彩的杯子，再一次有力地证明了，国内外各大博物馆所珍藏的德化彩瓷，就是在这些瓷窑焙烧而成的，而非先前有些专家学者所谓的"广彩"或"外加彩"——先将德化白瓷运至各地，再绘上彩料焙烤的。由于釉上彩所需的窑炉温度大致在800度左右，在窑址上，能觅得釉上彩瓷的标本，其运气好得没话说。

其实，早在明代中晚期，德化窑便开始生产画面红、蓝、绿的彩瓷。至于清至民国时期，德化窑粉彩器物彩工已相当精致，画面有黄、绿、红、蓝、紫诸种颜色及黑色

线条，其中又以红、绿两色居多。在民间收藏品中，有一件明代万历庚子年粉彩盖罐。该盖罐高17厘米，口径8.5厘米，腹径13厘米，其质地优良，白如凝脂，釉面上绘有红花绿叶牡丹，花间有蝴蝶欢飞、蜻蜓嬉戏、喜鹊登枝等纹饰，图案色彩鲜艳，盖内有墨款，题有"万历庚子年十一月葬……新化里郭坂人"等字样。这件粉彩盖罐是目前所发现的最早具有明确纪年的德化窑粉彩瓷实物。德化县陶瓷博物馆珍藏着一对清代康熙二十五年（1686年）的"古彩"（即康熙五彩）天球瓶。该瓶底部铭有"康熙二十五年知德化县事鄞县范正辂选制"字样。德化粉彩瓷所绘图案取材十分广泛，变化较多，画风自然洒脱，朴实大方，构图简洁舒展，笔法自由豪放，富有浓厚的地方色彩和强烈的

郑氏大厝上的"咸丰元年"壁画

晾坯

龙窑外景远眺

舂击瓷土的水碓

龙窑内景

生活气息。

德化窑粉彩瓷的颜色主要由红、蓝、绿三种组成。色料是由色剂加釉水配制而成的，所以彩绘的装饰图案表面光亮，色彩柔和，蓝、绿图案有凸出感。据分析，德化窑粉彩瓷的蓝是用氧化铜矿物色剂加碱金属釉配制的，这与德化窑惯用的钾、钠釉一致；绿色是用氧化铜矿物色剂加铅釉配制的，铅釉的主要成分是一种叫红丹的铅矿化物，所以在绿色表面剥落时，在器物上留有一层闪亮的铅金属痕迹；红色是由一种低温的矿化色剂碱式铬酸铅调水制成的。据《德化县志》载，德化窑粉彩瓷所需的矿化物色基在城关周边的矿物带中均可找到，这些色剂不需要从外地买进。进入清代，德化窑粉彩瓷颜色已有红、绿、青、黄、紫等，其颜料大部分也是由本县贺兰山（即现在城关的驾云亭）的石英质矿石及绿矾、铜绿等配合而炼成的，这些颜料以铜、铁、锰、钴等氧化物为着色剂，与铅粉、石英粉配制而成。"至民国初才由浔中彩瓷转卖商林凤鹏购入日产的金水及洋彩，本地颜料逐渐被洋彩所代替。"

由于德化瓷的胎质洁白，釉色莹润如脂，胎釉结合紧密，透明度强，绘上色彩后如锦上添花，显得艳丽可爱，而且纹饰逼真精美，构图简洁明快，画风自然洒脱、活泼朴实，笔法自由奔放，色彩鲜艳雅静，图案生动活泼，富有浓厚的地方色彩和强烈的生活气息，观之令人赏心悦目，虽无官窑彩瓷的富丽堂皇、工整严谨，却显示出了德化窑民间工艺的高超水平和独有的艺术价值。

"月记"商标案　德化第一例

在当地，还流传着清代德化第一例商标官司的故事，说的正是堂兄弟争"月记"这一商标：早时，有一个县老爷叫黄南春，接过德化县印后，天天到乡下去察访民情。有一天，"月记"瓷窑的堂兄弟争"字号"，来找新任县老爷作主。此案，新任县老爷早访得清清楚楚。（注：黄南春，字砚石，号生庵，广东镇平人。雍正九年，由古田调署德邑。十一年，引见得实授，以屯粮纳户散拆征输两难，详请归社各造的名推收，如民粮例，民甚便之。倡修文庙及东岳庙，造鸣凤桥。又继前令筑云龙桥，宏整壮丽。乾隆三年，委护永春州，四年回任。移建关帝庙，鼎建朱子祠，再造鸣凤桥。前后莅任九年，告终养归。）

原来"月记"窑头家的次子生了长孙，从小在身边看做瓷器，学捏坯有几分成就，年纪渐渐大了，也成了制瓷能手。后来，长子才生次孙，老来得子惜如掌上明珠，幼小娇养，长大浪荡。随着祖辈父辈先后辞世，成家立业逼使他们看重老字号的"月记"，以为有了老字号，就不用担

烧窑的情景

心没碗饭吃。堂兄弟争执不下，乡里族长调解不了，前任县官认为无油水不愿受理，所以愈争愈烈。新任县老爷为了"月记"窑的振兴，就接收了此案，让他们堂兄弟三天后来听判决。兄弟两个暗送五百两银子给县老爷，要求祖护。

三天到了，黄县爷升堂免去虎威，温和地告诫说："你们的祖父辈创'月记'窑字号，历尽艰辛，海内外尽知名。字号的信誉是产品质量的结晶，你们若无光大祖传精神，字号一文不值。后生家要勇闯天下，才算好汉。靠产品质量好来俏市，才是好儿孙。这道理你们兄弟可曾听清？"见兄弟都点头，黄县爷接着说："这一'月记'字号，你们兄弟都有继承权，字号是死的，人是活的。字号分一分，各人好好地去打拼奋发，要竞争才能出新成就，才能保住'月记'的信誉，不能因争字号而导致'月记'窑衰落，要永远记住这教训。日后，不管谁兜揽来生意，量大交货急的，分担承制，凡事好磋商，分中有合，合中有分，何怕瓷业不发达？"兄弟齐声应，同意分字号。

黄县爷说："本县涂鸦赠字号，兄本是技艺头手，叫'老月记'，弟有雄心壮志，必定后来居上，叫'正月记'，若同意请上前来领字墨。"兄弟俩齐上前，恭敬地接过字墨，叩谢老爷教示。

黄县爷风趣说：古人墨圣一字千金，本县涂鸦一字百银，并指出兄弟各暗送五百两银，本县已食朝廷俸禄，不敢额外收受，判归入库。本县打算从中拨两百两银，由师爷备办神仙会，烦诸位约请乡亲父老，后天辰时来县堂共聚神仙会，就"月记"窑的字号和解各抒高见，本县洗耳恭听，同时共筹治县良策……

由此可见，"月记"这一著名商标早在康熙年间就名扬海内外了，以致于堂兄弟为此争执不休，告到了县老爷那儿。姑且不论谁是"老月记"，谁是"正月记"，在蔡径洞上窑、石排格等窑址中发现许多"月记"款识的青花瓷片儿，却是不容置疑的事实。据《瓷史》载："……洞上之月记窑、南岭之碗窑，亦为德化负有盛名之瓷窑。"

就在洞上月记窑附近，还有一条至今仍在生产的明清时期龙窑。龙窑也叫蛇目窑。德化多山，当时很多龙窑依山势或土堆倾斜而筑，由于窑身细长，高、宽都不过2米左右，而长度却达几十米，甚至上百米，宛如一条巨龙躺卧在山坡上，因而被叫做龙窑。烧窑师傅告诉我们，龙窑一般是用土砖筑成山坡斜直焰式筒形的弯状隧道，长短不等，结构简单，分窑头、窑床、窑尾三部分，窑头有预热室，窑尾一般不设烟囱，因龙窑本身就起着烟囱的作用，而顶部则设有投燃料的孔；烧陶瓷需要燃烧的火焰，而发挥长火焰的最有效的办法就是增加窑的长度，龙窑利用自然山坡建造，使在窑头烧的火焰顺着山势由下向上，升至窑尾出去，既节约能源，又利于燃烧，烧成的效果很好；龙窑的最大优点是升温快，降温也快；可以快烧，也可以维持烧造青瓷的还原焰。

站在蔡径古龙窑前，思绪随着依然熊熊燃烧的窑火穿越时空：400年前，聪慧的先民们肩挑背抬，用泥土、砖块和瓦片造就了这座龙窑，建造起了德化人的脊梁，他们日夜守护窑口，让熊熊火光读取、记忆它乌黑红亮的脸；他们用一把把的瓷泥，烧制出了缤纷多彩的瓷器，煅造出德化灿烂辉煌的陶瓷历史，铸就了中华民族灿烂辉煌的历史……

蔡径古龙窑是闻名海内外的"德化窑"形成发展的历史见证，堪称德化龙窑的活化石。在绝大部分的古龙窑已为电、油、天然气等现代化煅烧手段所取代的今天，蔡径古龙窑作为中国瓷都不可多得的珍贵历史遗产，更应受到重视和保护。

下楼坑青花窑一角

青花换取万金楼

Blue-and-White
Porcelain and Wanjin Mansion in Xialoukeng, Xiayong Village, Shangyong Town

**关键词：青花重镇　款识　装饰　赖宲十
万金楼　石柱础　外销瓷**

上涌镇位于德化西北部，是德化县葛坑、汤头、杨梅、桂阳等地通往县城的必经之路，是昔日德化县城通往尤溪县的惟一"官道"，全镇有17个行政村，上涌昔称"上壅"，五代后汉乾祐间境内石门头"筑垣以遮壅城门"故称。至宋时，建"上壅驿"。后因其地处涌溪上游，水势湍急，遂改"上壅"为"上涌"，别称为"涌邦"。唐代时桂格郑氏、黄井蒋氏就有人在此定居。至宋代，桂林赖氏、西溪林氏、卢氏等纷纷从外地迁入，这时已在上涌设驿，成为德化西北部重要区域。

上涌镇是德化西北部的青花重镇，全镇窑址分布在14个村，共31处。有好些村一个村中就有好几个古窑址，如下涌村、桂格村、西溪村等。从不少村的地名中就可以看出当年瓷业的兴盛，如曾坂村的瓷窑坪，黄井村的瓷窑坪，下涌村的瓷窑坂、碗窑山等。瓷业的兴盛，给上涌带来了丰富的财富，也给当地留下了丰富的文化遗存。上涌镇不仅有德化县最早的冶炼遗址，在涌岭格和连根畬遗址，唐僖宗年间（874～888年），黄井蒋恋父子曾从南山赤岭采矿，在此炼铁。还有始建于北宋、乾隆九年（1744年）重修的上涌村梁桥。还有依山而建，蜿蜒而下，长约400米，宽约4米的上涌古街……

下涌村位于上涌镇的北部，北靠曾坂村，西南与汤头乡接壤，东邻后坂大仙岐。海拔650米，地势平坦，四面群山环绕，属亚热带季节气候，年均气温16℃左右。全村土地总面积18.84平方公里，有5个

自然村23个村民小组。村里尚遗存有建于明嘉靖四十二年（1563年）的龙门寨，下涌村民利用该寨抵御倭寇千人半个月的猛攻，如今仅存墙基和寨门。据考古调查，下涌村古窑址共7处，其中潭仔边窑为宋代遗址，其余6个窑址都是清代的青花瓷窑，具体是：(1)虎龙头窑(清)；(2)虎垄坪窑(清)；(3)后寮埯窑(清)；(4)碗窑山窑(清)；(5)桌头坂窑(清)；(6)花树格窑(清)。

阳春三月，春光明媚，草木吐绿，正是江南好风光。到处是嫩绿的青草、姹紫嫣红的山花，真可谓"日出山花红胜火，春来江水绿如蓝"。

此次我们考察的青花瓷窑就在下涌村一个叫下楼坑的自然角落，该瓷窑又叫虎垄坪窑。下车后，沿着公路走进去，在蓬勃茂盛的蒿草间，到处是废弃的匣钵、支圈、垫饼，整个山坡堆积得满满的。在匣钵支圈间，不时可以看到洁白的青花瓷片，青白色的瓷质，青翠的发色，美不胜收。在地表的废弃层上，还不时发现有一摞摞粘结在一起的青

万金楼遗存物—柱础

清中期·青花山水纹茶盘

期中期·青花锦鸡纹盘

清早期·青花花卉纹盘

清早期·青花携琴访友纹盘

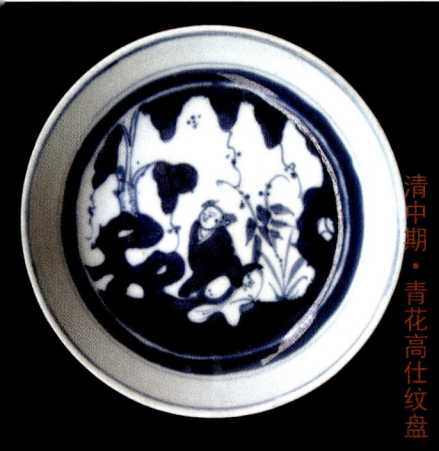

清中期·青花人物纹盘

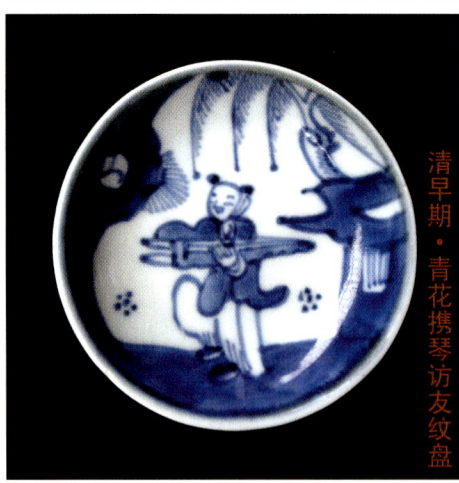

清早期·青花携琴访友纹盘

清中期·青花高仕纹盘

清中期·青花高仕纹盘

花瓷，那是窑温过高的缘故，从中可以窥见当时青花瓷的装窑烧制方法——瓷工艺人们在瓷坯上作画，上釉，待干燥后，再装窑煅烧。为了节省燃料，充分利用空间，瓷工们采取叠烧的方法，瓷坯与瓷坯之间用较粗的垫饼隔开，整摞出窑后再个个分开。也正是如此，废弃层才会出现匣钵、垫饼堆积如山的壮观景象。

据了解，下楼坑古窑址旁边蕴藏着丰富的瓷土矿，虽然窑场没有水源，但是聪明的先民们从四五公里远的溪流口筑坝开渠，直接将溪水引至窑场。时至今日，该水渠仍然发挥着重要的作用，灌溉着周边的农田。

这里的青花瓷品种繁多，实用性颇强，大多是碗、盘、杯、炉之类的生活用品。碗的造型主要有侈口、折腰两种，碗中央大多画有两道蓝圈，并饰有一简洁的花卉或树叶图案，圈足也多画有两道青花蓝圈作为装饰，是典型的"三代"时期的器型。盘的器型也是如此，以侈口、折腰居多。这里的青花装饰丰富多样，主要有山水人物、动物图案、植物图案、博古杂宝和诗词文字等，尤其是青花山水人物图案，其构图大方，用笔率意洒脱，充满了诗情画意，堪称德化窑青花瓷中的精致美品。

德化窑青花瓷的山水图案，大多取材于福建地方的山乡景色和滨海风光，表现出了江南水乡的秀丽风光，包括大幅画的山水卷轴和截取局部的山水小品，前者多施作在瓶炉类大件琢器的外壁，后者多描绘于碗、碟类浅平底圆器内，根据器物的造型整体布局，巧妙构图，烘托山水景观的形

清中期·青花对弈纹炉

胜气象。其山水图案，主题大多采取景物的一角或局部，但布局多留有大块空间展示旷远意境。而且许多山水图案与人物活动相结合，画中人物形象渺小，或临溪垂钓，或两两对弈，或独行林间……充满了文人画的情趣。

在下楼坑古瓷窑中，我们见到很多发色青翠、装饰题材丰富的瓷片，有写着"晨兴半炷香"、"晨兴半炷茗香"的书生庭院图案，以及高仕图、携琴访友、太白醉酒等山水人物图案；有寓意"喜上眉头"的喜鹊登梅图，腾空而起的云龙纹等动物图案；有象征多子多福、缠缠绵绵的缠枝花纹，以及菊花、佛手、石榴等植物图案，此外，还有"一色杏花香十里"、"满墙春色关不住，一枝红杏出墙来"之类的文字诗词等等。下楼坑青花瓷的艺术风格朴实明快，构图爽朗，以瓷质洁净光润、纹饰精美漂亮、发色青翠欲滴等特点见长，远销海内外，是德化西北部青花瓷中的代表，令人爱不释手。

这些瓷片的底部大多书有青花款识，有"和美"（"禾美"）、"如玉"、"元珍"、"玉珍"、"合珍"、"元兴"、"尚兴"、"连兴"、"艺兴"、"全盛"、"永盛"、"永美"、"双金"、"双鲤"、"新和美"、"工水主人"等商号以及花押款，多达20余个。即使是同一商号，其书写方式也有所不同，有的工整，有的潦草，有的飘逸，有的拙笨，估计是不同的瓷工艺人不同的笔迹，将这些商号聚集在一块儿，都可以搞个笔迹鉴定会了。下楼坑古窑址的款识之多，超出人们的想象。从现场收集的青花款识看，这些款识绝大部分在青花瓷器底部，最常见的是两个字的商号款，从中可见当时德化的经营方式有的是一家一户单独建窑烧瓷，有的是几家几户或全村合建一窑联合烧制，它充分体现了民窑生产方式的特点。据当地老人代代相传，这里的瓷窑紧挨着瓷窑，密密麻麻的，有20多条。瓷窑附近，水碓"咿咿哑哑"响着，不分昼夜地舂击着瓷矿石；瓷场上，瓷工艺人们拉坯的拉坯、作画的作画、上釉的上釉；瓷窑前，瓷工艺人们来来往往，扛坯、装窑、

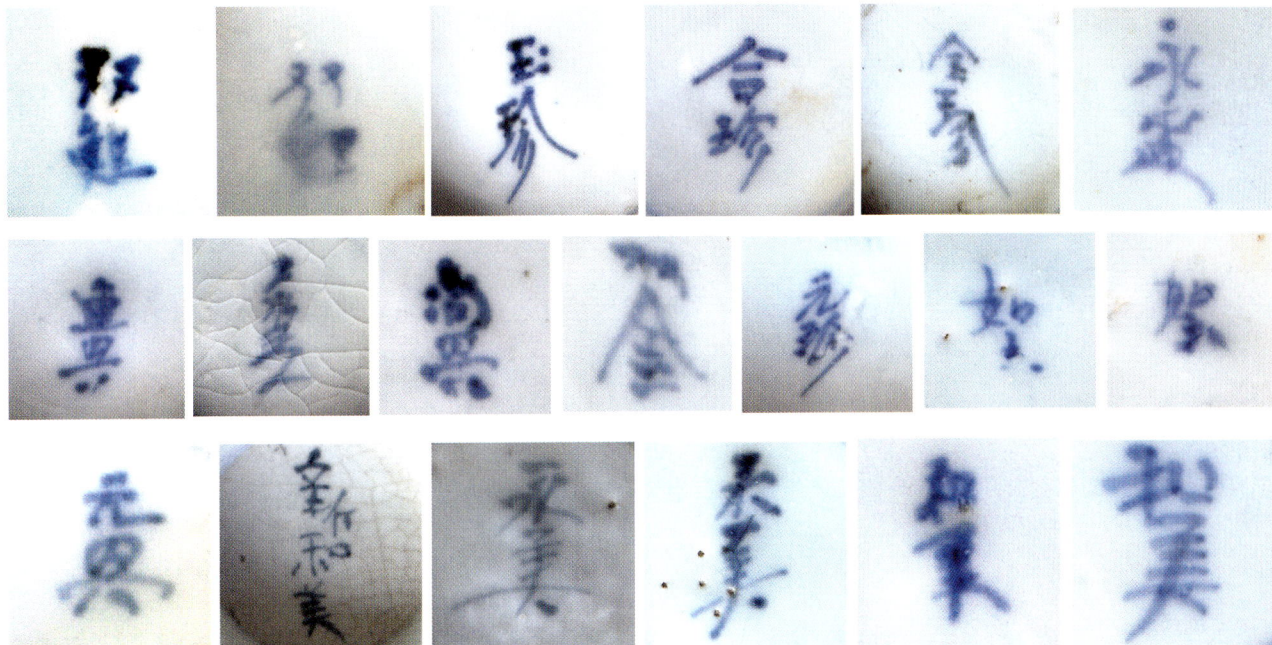

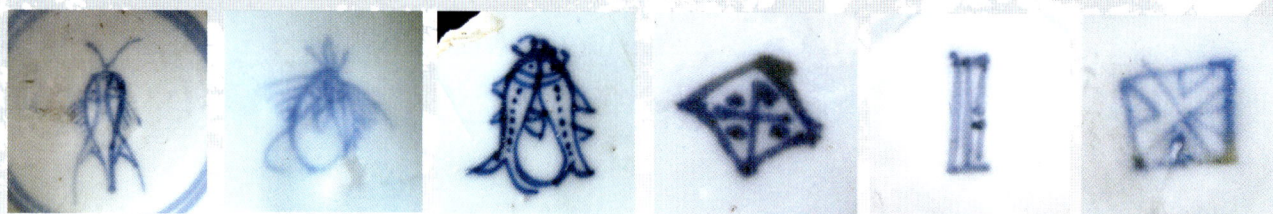

卸窑……一派的车水马龙，各条瓷窑装满点火烧瓷，窑火四起，映红了整个山坡，其繁盛景象可想而知。

据当地流传，下楼坑的窑老板，当地人尊称其力叔，最兴盛时，这里18条窑都是他的业产。他就是用一窑窑的青花瓷，换回了一担担的黄金白银。而后，他就在下楼坑瓷窑附近，买田置业，并建造起了大厝，取名曰"万金楼"。明末，有"吏治文学，独冠两浙"之誉、时任礼部右侍郎兼翰林院侍读学士的德化人氏赖垓省亲回乡，造访同姓的力叔，为了迎接赖垓，力叔从"万金楼"开始铺红毯，一直铺至岭上的"雨亭"，长达3公里，其豪奢程度，可想而知……直至解放前，"万金楼"才换了主人。据当地老人介绍说，"万金楼"规模宏大，为土木结构，一直保存到上世纪八十年代，可惜在一场大火中，才焚毁殆尽，只遗留下偌大的门埕及光滑可照人影的青石板，令人感叹万千。在赖春爱家里，我们幸运地看到了当时"万金楼"的遗存物——一对石质的精雕细琢的柱础，该柱础高32厘米，一个雕刻着松、梅、竹、菊四君子以及鸟、蜻蜓、青蛙等等，另一个雕刻着"福禄寿全"，抚摸着这对石柱础，不禁令人回到了遥远的从前，浮想联翩。

明清时期的德化窑，是整个福建省的制瓷中心，影响巨大。明清时期德化青花瓷的艺术风格影响了整个福建地区。清代德化大批瓷工纷纷赴省内外各地传授制瓷技术和从事陶瓷贸易。下楼坑青花瓷的兴盛，与当地著名的陶瓷营销家赖宝十有着极大的关系。赖宝十（1690~？），名监，字云文，下涌村人，是清初德化陶瓷的大营销家，也是台湾省彰化县院务三佳春赖氏肇基者。赖宝十青年时期即飘洋过海到台湾省营销瓷器，他们收购家乡下涌等地窑场生产的各种瓷产品，雇工肩挑到永春五里街，再以舟楫装运至

匣钵堆积成山

泉州，转口航运至台湾，并以台湾为中转站，将大量的德化青花瓷远销至日本和菲律宾、印尼、马来西亚等东南亚国家，生意做得很红火，为德化瓷疏通销售渠道，促进德化瓷业生产的发展作出可贵的贡献。其弟赖宷三（1700-？）也随他到台湾，协助拓展陶瓷商贸业务。赖宷十、赖宷三兄弟移居台湾后，还将德化的陶瓷烧制工艺技术带到了台湾，在当地建起窑炉烧制瓷器，促进了台湾陶瓷业的发展。后来赖氏芝兰繁茂，子孙昌盛，不忘故土，怀念亲人，与祖籍族人长期保持密切往来，互访不断。据传，他们还特地购置一份赖氏公产，积储每年收入，作为资助祖籍下涌族亲访台联谊旅费与接待费，这种互访关系一直延续到十九世纪末宝岛台湾被日本侵略者侵占后才被迫中断。

德化青花瓷在清朝能够兴盛发展，畅销海内外，不仅有其得天独厚的地理位置以及源远流长的陶瓷制作历史，更重要的是，德化人十分勤劳，敢于打拼冒险，诸如赖宷十等大量的知名或不知名的陶瓷营销家，不辞辛苦地把德化瓷运销至海内外，甚至远销到非洲的肯尼亚、坦桑尼亚等国家，有力地促进了德化瓷的发展。据考古发现，早在11世纪至12世纪的法蒂玛王朝，非洲的埃及就从中国输入德化窑白瓷。在开罗南郊的福斯塔特遗址中也出土了不少宋代的德化白瓷及明清时代的德化青花瓷。位于非洲东部的肯尼亚，早期的海外交通比较发达。中世纪以后，由于中国瓷器大量进入这个赤道国家，当地人因此将其称为"中国拉姆"，意为从拉姆岛运来的中国瓷器。 在该国南

清古期·青花博古纹盘

清中期·青花鸳鸯纹盘

肯尼亚马林迪柱墓

坦桑尼亚昆士兰阿拉伯墓地的柱墓

部海岸的索巴萨区，也出土了德化的建白瓷、青花瓷等瓷器。在坦桑尼亚的噶尼喀也出土了大量德化窑的青花瓷器，这些瓷器有吉祥纹青花盘、圆圈点纹碗、碟和花篮纹青花盘等。另外，在南非发现的中国古瓷，均集中在海底沉船上，仅1647年至1821年间在好望角一带就沉没有61艘中国商船。

穆斯林人根据伊斯兰教义，埋葬要从速、从俭，不殉葬器物。但是，富有的穆斯林们都喜欢用中国瓷器来装饰墓葬。在肯尼亚的马林迪柱墓，上面就镶嵌了五个德化窑青花瓷盘和五个青花瓷碗，根据照片观察，镶嵌的青花瓷盘画着"仙鹤图"等。又如，坦桑尼亚距达累斯萨拉姆25公里处的昆士兰阿拉伯墓地的柱墓，同样镶嵌着德化窑青花瓷碗盘……这些丰富的遗存，见证了当年德化窑青花瓷飘洋过海远销非洲的一段辉煌历史。德化陶瓷的出土，还使东非一些地方掀开历史性的一页。在坦喀尼噶56处遗址中都发现中国瓷片，其中30处废墟多达400件，有的则是宋元时期德化窑制品。历史的积淀，使1955年前后一直在该国考古调查的英国学者莫歇·韦勒（R.E.M.Wheeler）作总结时说："我一生中从没有见过如此多的瓷片，正如过去两个星期我在沿海和基尔瓦岛所见到的，毫不夸张地说，中国瓷片可以整锹地铲起来。我可以公正地说，就中世纪而言，从十世纪以来的坦桑尼亚地下埋藏的历史是用中国瓷器写成的。"

在下楼坑古窑址考察后，我们又驱车来到附近一处叫瓷窑坂的古窑址，该窑址位于一个大山坳中，溪涧在窑址前淙淙流过，该堆积层的面积也较大，瓷窑密密麻麻的，据说当年兴盛之时也有十来条瓷窑。从当地称之为瓷窑坂自然而然令人联想到这里曾经是盛产陶瓷的地方，眼前仿佛

出现熊熊炉火、烟雾弥漫，先民们制瓷生产的繁荣景象。如今这里蒿草茂盛，整个窑址掩没在茂密的蒿草杂树丛中，无法深入探个究竟，颇有"只在此山中，草深不知处"的遗憾。尽管如此，在古窑址靠近溪涧

肯尼亚马林迪柱墓上的德化青花盘

的地表上，还是拣到了不少青花瓷片，瓷质相当的洁净，发色也相当的青蓝，其青花装饰内容也多为缠枝蝶、花鸟鱼虫、书生庭院等等。该窑址的青花款识主要有"原兴"、"玉盛"、"全兴"、"东兴"、"全玉"、"永吉"以及花押款等。这些带有"兴"、"盛"、"吉"、"美"的商号款，体现了当时商家祈盼生产发展、生意兴隆、财源广进等涵义。

民国·粉彩"双喜图"茶壶（孙锦春）（藏于德化县陶瓷博物馆）

民国彩瓷 绚丽精致

Delicate and Beautiful Color Porcelain of Republic of China(1912-1949)......

关键词： 新文化　瓷塑艺术　新粉彩
　　　　瓷器改良　彩瓷社　彩瓷艺人

1911年，随着辛亥革命的一声炮响，中国最后一个封建王朝——清朝政府被推翻，结束了两千多年的封建君主专制制度。辛亥革命后，民族资产阶级的社会地位逐渐提高，中国民族工业得到进一步的发展，尤其是新文化运动的兴起，新思想的广泛传播，为中国传统文化注入了新鲜的血液。在这样的历史背景下，德化陶瓷有着新的发展。

清末民初，德化窑即采用电光水涂抹白瓷表面入炉烤成红、蓝、赤、紫等釉上变色釉，收到了良好的效果。据徐曼亚《瓷史》载："至民初以来，外彩小火颜料输入，执斯入业者，略有时代眼光，如从陶氏。以本人书画尚可宜人，即用新粉彩并镀金水，继而敷擦电光业务尤见发达，歧山氏继起，多画山水人物花鸟，亦盛一时，受其他者多出此也，至民初年可说是德化磁彩之一进化时期。"

民国四年（1915年），德化宝美村瓷雕艺术大师苏学金

"手制瓷制梅花参加巴拿马万国博览会获得优秀奖，余如雕塑模型均见工巧"，得到民国四年新任县官吴承铣的赏识，并赠以匾额，题词"极深研究"，以示鼓励。苏学金（1869-1919），名光铨，号蕴玉。清末民初瓷塑艺术大师，"蕴玉"瓷庄创始人。苏学金博取各家之长，一生以陶瓷创作为业。其瓷塑作品工艺精湛，线条流畅，疏密得宜，神形兼备，惟妙惟肖，颇有何派艺术风格；其陈设供器精巧别致，雕镂工细入微，尤以首创捏塑瓷梅花极具特色，栩栩如生。得意之作常见有"苏蕴玉"、"蕴玉"或"博及渔人"等印记。

此外，清末民初德化县著名的艺术大师还有许友义、林捷陞等。许友义（1887-1940），讳进勇，号云麟，清末民初瓷塑艺术大师，师从雕塑名家苏学金，融泥塑、木雕、瓷塑技法于一炉，创造出活动瓷链、捏塑珠串等新技法，并形成造型匀称、装饰华丽、雕工精细、形象生动的艺术风格。民国期间于程田寺格建立店铺，商号"裕源"。其作品曾在英国、日本和上海、台湾等博览会上荣获四次金奖，被誉为"特级雕塑师"。民国十九年（1930年），许友义三兄弟为仙游龙纪寺精心雕塑了"五百罗汉"系列瓷雕，形态逼真，开创了古今系列瓷雕的新纪录。其得意之作常见有葫芦形"德化"与方形"许云麟制"或花瓶形"许云麟"或方形"许裕源制"篆文印记。

林捷陞，清末民初德化陶瓷工艺大师，善于制作香炉、花瓶等各种陈设供器。其作品制作精良，造型独特，常见有"林捷陞制"方形楷书款识及"福建德化"菱形水波纹章款。

民国五年（1916年），德化瓷业界有识之士提倡改良瓷器装饰、造型等式样。瓷雕老艺人许友义负责研究瓷雕，创作了活动马链的木兰从军及各种古代仕女、神话人物和龙舟；彩画艺人郑少陶改良彩

窑场一角

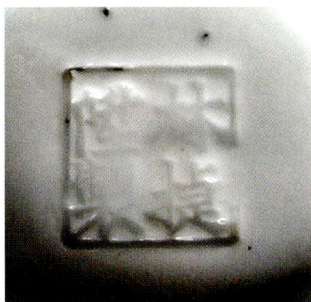

民国·白釉簋式炉（林捷陞）

画，恢复古彩，并由彩瓷商林凤鹏采入日本洋彩颜料和金水，彩画艺人运用传统国画技法绘制各种生动的画面，使彩画的瓷器表现得十分生动、优美、艳丽，德化瓷釉上彩焕然一新。

据民国十八年（1929年）统计："德化业磁者有数百家，专业者居少数，余皆多于农隙经营"，"所产瓷器类为白色素色，所制佛像花瓶等，均至精绝，据专家考察其品质为全国第一。最近该县有模范瓷业公司之设立，出口优美，颇受国内之欢迎"，"产瓷区域广泛，有后井、黄祠、南岭及其他十余场，尤以后井之出产最为盛，全境瓷窑数目多至五六十种，故几可与景德镇同称"。（陈文涛《福建近代民生地理志》民国十八年十月版）

民国二十四年（1935年）秋季，经县乡村师范要求举办陶校之申请，由省建设厅、教育厅拨款在德化合办省立陶瓷职业学校及德化陶瓷改良厂，并派陈庆南、技师连春成等考察国内名瓷产区一年，赴景德镇学习专艺。徐曼亚"本人留学美专，并考察东洋瓷器三年，归而重整瓷场，组织真善美瓷场课徒试作。"是时，改良场开始制石膏模型，由陶车改为石膏模型注浆法，并建倒焰实验室一所，改进光面品种及手工业彩绘，尤以绘画山水人物更为生动，受到各界的欢迎。同时，民窑有了合作组织，全县有10个瓷业合作社，一村设一公窑，具有统一联合社，下设中心实验瓷场，制造各种新式模型及试验色瓷作为各瓷村的楷模，丁乾窑、大兴窑、上涌窑、瑞祥窑、虎山窑、洞上窑亦相继恢复。民国二十五年（1936年）十月，全省瓷器品评会在福州召开，德化、闽清、古田各县产品及各地珍藏古瓷参加了展出。

1937年7月，抗日战争全面爆发，10月26日，金门沦陷，成为中国东南沿海最早遭到日军攻占的地区，该事件被称为"华南卢沟桥事变"。大批金门难民涌入厦门。同月，非常战时难民救济委员会福建分会成立，专门办理抗日战争时期难民的收容、安置和救济等事宜。1938年5月，厦门也沦陷于日军魔掌，金门难民不得不辗转避难他县。同月，省赈务会和难民救济福建分会合并，设置福建省赈济委员会，主持战时难民救济事务。1938年7月18日，福建

民国·白釉关公（许友义）

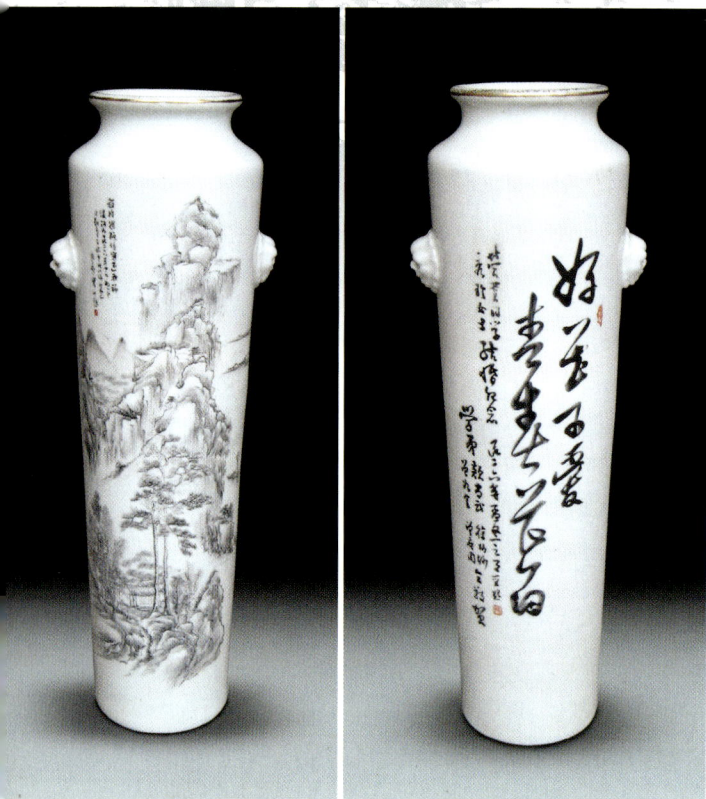

民国·墨彩山水纹瓶（徐曼亚）　　　　　民国·墨彩山水人物纹瓶（学陶氏）

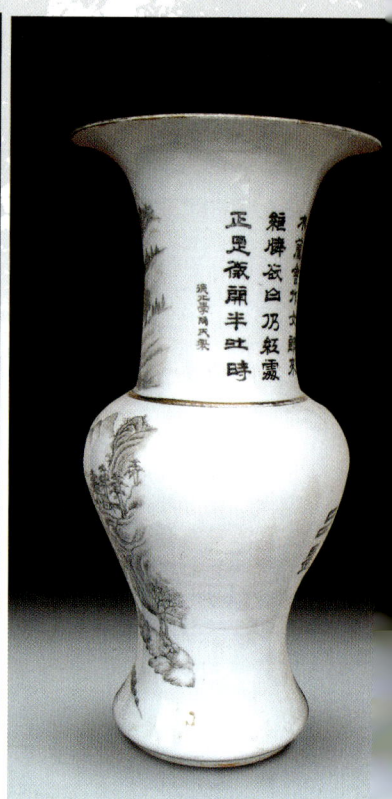

省赈济委员会驻泉办事处召开第七次常务委员会议，讨论关于厦（门）（嘉）禾鼓（浪屿）同（安）难民移垦闽南各地事宜，决议"厦禾难民到泉者移垦永春、德化"，"永春、德化指定为晋江、南安之疏散地点"。德化，由于地处福建中部的偏远山区，四周群山围抱，自古每个朝代一遇兵乱，便是极好的避乱之所，遂成为东南沿海的大后方。

那个时期，许多不曾留下姓名的文化艺人避难德化，促进了德化文艺的发展与繁荣，甚至融入当地的陶瓷艺术创作中，为民国德化彩瓷创作留下了绚丽的一笔，在一定程度上促进了德化彩瓷艺术的发展。

当代著名版画家、国画家、雕塑家、诗人、作家黄永玉，1936年在集美求学，集美"兼收并蓄"的氛围让黄永玉找到了自由生长的空间，学校所有的图画老师都成了他的好友。1937年，日本发动了侵华战争。黄永玉跟随学校转移到了离厦门一百多公里的安溪。1939年，黄永玉漂泊到山城德化，曾在德化简易师范学校读了两个月的书，由于糟糕的学习成绩，还帮别人打架，黄永玉不得不中止学业而躲到一家瓷器工厂做小工，每天的工作就是在那些还没有烧制的陶坯上画上一些花花草草。在德化将近二年的生活里，在瓷器工场做小工、学习

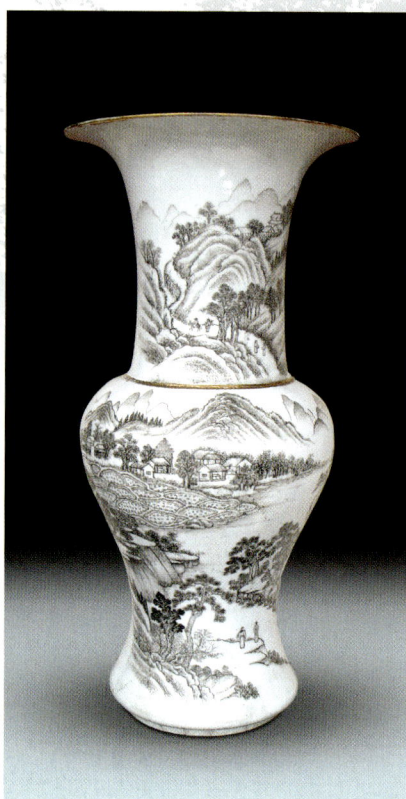

民国·墨彩山水人物纹墨盒（小陶氏）

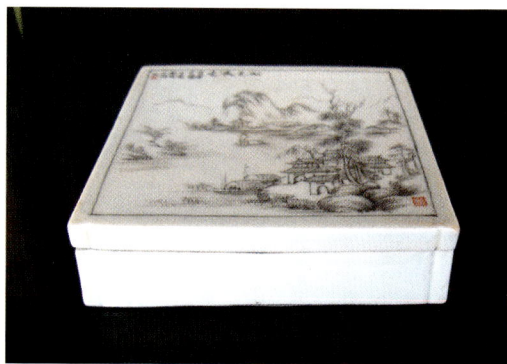

陶瓷彩画令黄永玉念念不忘挥之不去。"我到了个做瓷器很有名的师范学校，那个地方叫德化。读了两个月的师范学校，那是不要钱的。有一次人家打架我帮忙，我知道又坏了，就躲到瓷器工厂,到瓷器工厂做了小工。做了不到两年的小工，在那里慢慢地变成一个名人了，因为我会画画，画老虎什么的。那个老板把我很当一回事，他把我画的盘子都装在橱窗里面让人家看。在那个地方我俨然成名家了，我还怀疑老板可能要把他的女儿嫁给我。"（黄永玉《关于我的行当》）

1939年3月，德化改良场改为德化瓷业指导所，11月，又将德化瓷业指导所改组为德化实验瓷场，专办实验工作，兼办本省瓷业调查、窑区指导、技工训练及其他有关瓷业工作。试验工作主要有：①研制彩料。以往釉上及釉下彩颜料，十之八九系日本产品，抗战爆发后，来源断绝，实验瓷场试制成功各种彩料，解决了彩料的危机。②改进炼泥方法。尽量去除瓷土中的杂质，同时使外来杂物不致于炼时渗入。③采用石膏模型成坯。改进制造方法，克服手工操作产生的厚重笨拙、大小厚薄不能一致、各种器物之曲线不均衡、凹凸不平等缺陷。④研制电用瓷。利用他县耐

民国·浅绛彩松荫抚琴纹笔筒

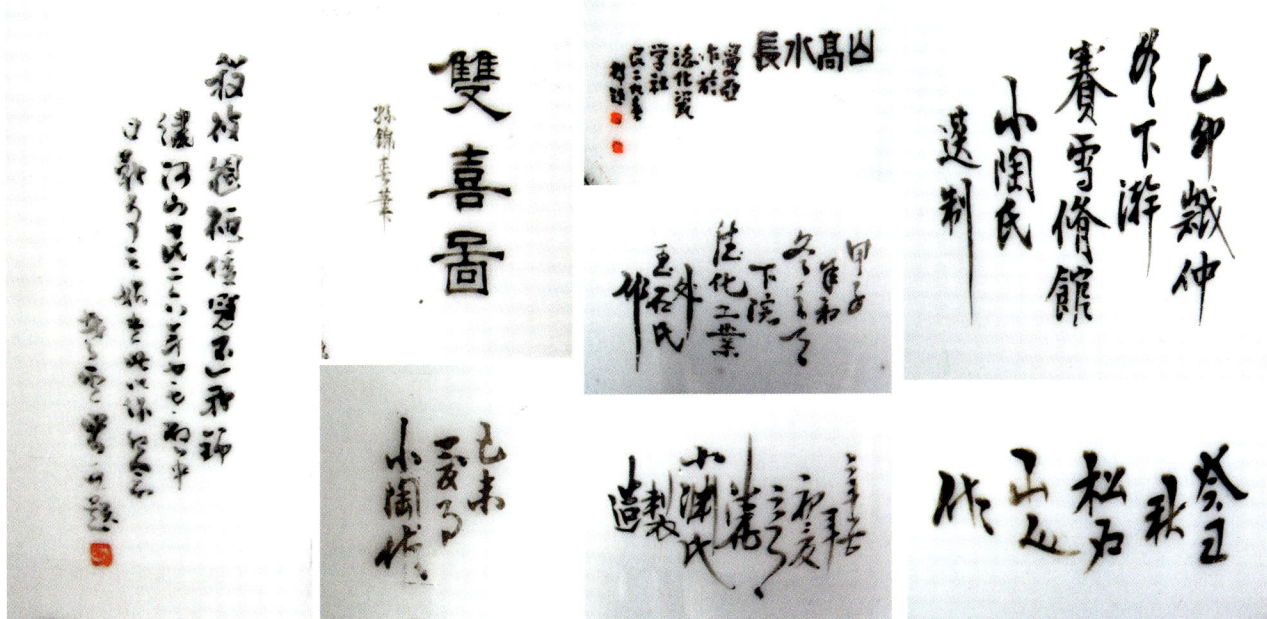

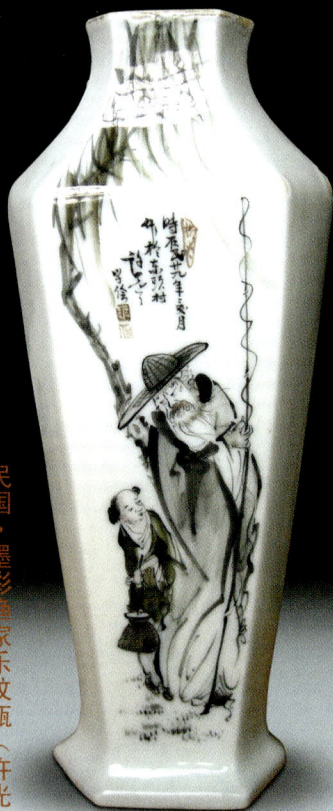

民国·墨彩渔家乐纹瓶（许光月）

民国·蓝彩山水纹瓶

民国·蓝彩山水纹瓶（苏玉选）

温较好的瓷土，配合其他化学品，研制出电用瓷，用于电压装置等，效果良好。上述各种试验在当时瓷业的发展起到一定的促进作用，特别是彩料的研制及采用石膏模型成坯，使民窑的产品在彩饰样式上，有了很大的改观。"时设五大分所于东西南北中各线，内设制彩示范工场，从事技术改进，外以业务推广，可谓是民卅年德化瓷业极盛之一时，所有过去不纶不类之绘饰，完全扫清，概以时代之书画、图案、金银电光、印花、刷贴、粉染、单彩、墨彩等改进，至于粗劣之瓷质及瓷形，一概禁止。"（徐曼亚《瓷史》）

1940年，福建省政府在永安市举办了"福建省工商展览会"，德化的真美美、艺一、陶玉、华美、顺镒、拓玉、美星、裕光、步玉、捷陞、蕴玉、后井、东头等瓷业社和德化彩瓷社的产品参加展出。雕塑品有瓷观音、麻姑献寿、精忠报国、关云长、木兰从军等；彩绘瓷主要有釉下青花、釉上五彩、浅绛彩、彩金、水墨彩、电光等品种。其中艺一瓷业社的釉下彩笔筒获得特等奖，后井瓷业社的瓷器、蕴玉的瓷雕关云长、裕光的瓷雕精忠报国获得优等奖，华美的电光茶壶、美星烟灰缸、德化瓷社的四方花瓶、步玉的大瓷瓶获得甲等奖，省立德化简师的战车获得乙等奖。当时德化瓷雕作品还有独木舟之八仙过海、动舌道佛

立体浮雕等，在群众中获得好评。据《瓷史》载：经英美考察专家之评价"德化瓷器已至国际化之地位"，省内外各视察专员之评价"德化磁器在抗战中已突飞猛进而超越战前了"，可谓是艺术昌盛之时。

民国期间著名彩瓷社主要有：陶玉、华玉、元美、美星、源益、成益、顺镒、良华、春玉、艺一、丰元、联源等。此外，还有张佩玉等瓷彩艺人到永春五里街创办惟真、惟美等彩瓷社，订做彩瓷及营销业务。据永春县志载：民国期间，（永春）全县有瓷商23家，五里街的"志记瓷栈"，专营陶瓷业务，民国15年至37年，每年从德化运销泉州、厦门的瓷器2.4万件……其中有迹可考的瓷彩店有：

陶玉瓷彩店——赖思环（1904-1957），1937年前夕创办。赖思环一生从事瓷彩艺术及瓷彩营销生意40年，他工新彩花鸟、山水、图案及八分书法，所画花卉、动物、山水等，笔墨娴熟，面画清雅，形神兼备，栩栩如生。

华玉瓷彩店——赖思宗（1901-1975），1937年创办。赖思宗，民国时期瓷彩艺人。

元美瓷彩店——赖元美（1919-1952），1946年创办，并聘张英滔（德化陶瓷装饰彩画书法名人，工山水、花鸟、人物、图案，尤擅工笔花鸟及八分书法）为经理，掌理瓷彩及购销业务。

民国·蓝彩山水渔乐纹盘（徐曼亚）

民国·墨彩诗词纹盘

民国·粉彩童子水注

源益瓷彩部——颜孝洙（1899－1948），1920年左右创办。颜孝洙，民国时期彩饰营销家。

成益瓷庄——苏其生（1887－1941）、苏由甲（1904－1984），1910年左右创办，1940年后由林银河经营。

顺镒瓷店——曾春盛（1913－），1928年创立，1940年曾春盛与他人合股创办良华瓷彩社。

春玉瓷彩店——陈智垚（1894－1962），1930年创办。

良华瓷彩社——曾春盛（1913－）、张忠天（1915－1994）、李亚中，1940年创办。

华益瓷庄——颜孝洙、郑大敬、林质彬、张英滔（1922－1986），1948年创办。

民国时期见于陶瓷器物上的瓷工艺人主要有：孙为创、徐其中、许光月、苏玉选、苏福盛、陈振玉、龙浔白雪处本玉氏、学陶氏、小陶氏、小渊氏、玉石氏、松石山人等。其中有迹可考的彩瓷艺人有：

孙为创（1858－1927），字存基，号锦春画士，又号歧山氏。晚清至民国间德化著名瓷绘家、壁画家。自幼习画，闻名乡里，及长从事陶瓷绘画和寺庙宫观壁画，均极生动传神。尤擅纸本绘画，其仙道图、山水、花鸟图均有可观者。民国初年，省调查委员会委员郑焜倡导"改造德化瓷成型与彩画工艺"，集资在兴南街创办瓷器收购加工公司，孙为创应聘创办彩画装饰工场，进行瓷彩改革。主导产品由釉下青花改为五彩，并试验镀金或涂电光水的釉下彩，画面为之一新，德化瓷订货因此大增。孙为创的瓷彩作品参加南洋星架波（新加坡）陶瓷装饰画展赛会获优等奖，名声大振。至今德化、永春等地寺庙尚存其壁画作品，如隆泰村龙图宫有其创作的八仙图、异花艳秋图、龙吟虎啸图、合境平安图、千灾扫去百福招来图、双凤牡丹图、吉庆如意图、双龙戏珠图等，因其艺术价值而被列为重点文物保护单位。

徐其中（1904－1973），又名志士，字功三，号希仁、持中、曼亚、曼道人。现代陶瓷艺术家、美术教育家。青年时期就读于厦门大学美术系。历任德化县立中学教务、训导主任，简易乡村师范学校、福建省陶瓷职业学校教员，德化瓷业改进会总监，德化瓷业合作联社总经理，并兼职于福建省陶瓷改良厂（德化瓷厂前身），

清末·白釉观音坐像（苏学金）（2007年纽约佳士得拍卖会）

注重吸收国内外先进工艺，建起倒焰实验室进行烧成实验，推广石膏模型注浆成型法。徐曼亚对书画、篆刻均有造诣，长期从事陶瓷设计、色釉配方改良和瓷画创作等。二十世纪四十年代，他与同仁创办德化瓷艺学社、德化陶瓷展销店，对当时德化陶瓷业复兴和改革、创新起了不小的推动作用。在艺术教育方面，注重理论与实践结合，尤其重视培养陶瓷设计、陶瓷绘画上的人才。徐曼亚生平多才多艺，遗稿甚多。有《陶瓷学讲义·瓷史》（1947年）、《小型瓷艺学》（五卷）、《瓷作十讲》、《色釉浅说》、《中国画论及实习》、《西洋画论及实习》、《图案画论及实习》、《美术讲座》、《美术教育概论》、《曼亚画存》、《曼亚浪墨》、《曼亚丛印》等存稿。

许光月（1906-1984），又名文照，别号渔父。一生从事陶瓷艺术60余年，经验丰富，造诣较深。善画花鸟、山水、墨梅、墨兰、墨竹，偏爱水墨画及水墨淡彩。民国20年代，他独创釉中彩（釉上彩再施薄釉），画风清晰洒脱，光泽莹润，别具韵味，为当时德化陶瓷装饰艺术的一大特色。民国30年代，他设计生产有多种小巧玲珑花瓶，其各式点釉小花瓶是他的另一独创，盛销一时。点釉是采用高温一次烧成，所制各式点釉花瓶等产品整体布满釉点之间露出洁白素胎瓷质，加上开窗形中的无釉彩色花卉，分外清雅，是室内案头供花陈设佳品。

苏玉选（1909-1975），字长清。龙浔宝美村人，著名陶瓷工艺家，驰名中外的瓷中珍品、德化特艺瓷——瓷箫笛制作者。苏玉选年少聪慧，10多岁即到后井窑场学习制瓷工艺，对造型设计、制模、配方、装窑烧成等技术无不通晓，尤其擅长造型设计，其作品底部多钤有"苏长清造"方形印章。30年代末至50年代初，苏玉选屡次烧制出精美的瓷箫笛，款式别致，声调准确，音色清晰悠扬，上书有"苏长清"蓝色字样。

主要参考书目

1、《德化县志》（乾隆十二年版）

2、《景德镇陶录》（蓝浦著，光绪辛卯京都书业堂藏版）

3、《龙浔泗滨颜氏族谱》（民国十六年版）

4、《福建近代民生地理志》（陈文涛著，民国十八年十月版）

5、《德化之瓷业》（王调馨著，民国二十五年版）

6、《瓷史》（徐曼亚著，福建德化瓷艺学社编印，1948年春油印本）

7、《马可·波罗行记》（马可·波罗著，冯承钧译，中华书局1954年10月版）

8、《伊本·白图泰游记》下册《中国瓷器》（伊本·白图泰著，马金鹏译，宁夏人民出版社1985年版）

9、《"中国白"——福建德化瓷》（P.J.唐纳利著，伦敦费伯兄弟出版社1969年英文版，福建美术出版社2006年中文版）

10、《德化窑》（福建省博物馆，文物出版社1990年7月版）

11、《"中国白"——福建德化瓷器》（节选朱培初编著《明清陶瓷和世界文化的交流》，轻工业出版社1984年8月版）

12、《中国民间故事集成·福建卷·德化分卷》（德化县民间文学集成编委会，1992年版）

13、《德化瓷史与德化窑》（徐本章、叶文程著，华星出版社1993年5月版）

14、《瓷都群星》（郭其南著，华艺出版社2000年12月英文版）

15、《"中国白"—— 伟大的德化瓷器》（罗伯特.H.布鲁门菲尔德著，美国加州登斯出版社2002年英文版）

16、《"中国白"——瓷器中的神圣象征》（约翰·盖尔著，纽约出版社2002年英文版）

17、《何朝宗观音塑像的美学意义》（李金仙著，《西安美术学院学报》2005年第3期）

18、《十六世纪欧洲的中国瓷器收藏》（张琬真著，《新竹师范学报》2003年第16期）

附：德化古窑址探访时间表

● 2006-05-20，探访浔中镇后所窑；2008-12-07，再访后所窑。

● 2006-05-21，探访三班镇佳春岭窑；2008-03-09，再访佳春岭窑。

● 2006-06-03，探访龙浔镇甲杯山窑。

● 2006-06-03，探访盖德乡碗洋坑窑；2008-06-21，探访盖德乡碗坪仑窑。

● 2006-09-13，探访龙浔镇屈斗宫窑。

● 2006-10-10，探访三班镇梅岭窑。

● 2008-04-05，探访三班镇洞上月记窑。

● 2008-04-06，探访上涌镇下楼坑青花窑。

● 2008-04-26，探访三班镇奎斗旧窑、新窑。

● 2008-05-01，探访美湖乡洋田村墓林古窑。

● 2008-05-03，探访观音岐；2008-09-13，探访尾林窑。

● 2008-09-13，探访三班镇辽田尖山商周古窑。

　　水、火、土的完美结合孕育了一种新的物质，创造出温润、洁净、雅致的瓷器。中国瓷器凝结了历代工匠的智慧与心血，积聚了时代与民族的精华，是华夏文明史上最为精彩的篇章，成为中国乃至世界科技、工艺、文化史上的奇葩，china成为外国语汇里中国的代名词，china是中华民族的骄傲。

　　古窑遗址是一部凝固的历史，是一个民族的记忆。作为千年古瓷都，德化的历史、瓷都的文化不在纸上，也不在嘴上，知道它的只有瓷，只有窑。瓷像德化的魂，窑则是德化的心脏。

　　太阳每天都是新的，而历史也总是在不断流逝中前进的。每时每刻都不断有新的事物在出现，也不断有旧的传统在消失，留下的只是"逝者如斯乎"的万端感慨。近几年来，随着现代化建设进程的加速，德化这座古老的瓷都正发生着翻天覆地的变化。关于德化古瓷窑的记忆，关于德化古陶瓷的辉煌……随着岁月的流淌，正慢慢地消失在历史的长河中，淹没在潺潺流淌、悄无声息的浐溪里。正如美国人类学家哈维兰所说的，"新的领域永远向人类学家敞开大门。同时，很多机会似乎很快正在消失。"探访德化古窑址，从某种意义上说，就是在留住历史，留住民族的记忆，留住中华文化的根。

　　探访德化古窑址，旨在重新认识德化窑，还原德化窑的发展脉络，展示德化陶瓷精美之致背后的故事，让子孙后代知道"china"来自哪里，认识陶瓷文化的辉煌与灿烂。德化窑始终以国际市场为中心，德化陶瓷大量销往海外，是"海上丝绸之路"最主要的贸易品，然而，在世界各大博物馆中珍藏的德化瓷，却难以与古窑址对上号，探访德化古窑址，就是为了找出各个窑址的不同之处，找出它们的特色，为众多德化古瓷找到确切的家。

　　德化古窑遗址多达239处，大部分地处偏远的山村角落，人迹罕至，探访德化古窑址，美其名曰文化之旅，实则是苦差之旅，但我甘愿自讨苦吃，谁让我们好这一口呀！每逢双休日没有要紧事时，我就背起相机，约上古陶瓷爱好者，深入到德化的各个山村角落，用手中的相机及拙笨之笔，为自己，也为后人留住那片曾被窑火映红的天空，留住德化窑灿烂的历史，留住"中国白"的辉煌。

　　当然，要把德化所有的古窑址一一列出，这是不现实的，因为同时期的古窑址，其中的内涵大部分是相似的，重复者居多，我们只能是选取其中13处不同时期具有代表性的古窑址。同时，在探究的过程中，更注重德化窑与"海上丝绸之路"、与宝岛台湾之间的紧密联系；在探究的过程中，更注重各个窑址的窑号或商号等款识的收集、整理；在探究的过程中，更注重古窑址的遗存与传世品、收藏品之间的联系，互为印证。尤其是青花瓷、民国彩瓷部分，历来受到重视较少，有系统的整理微乎其微，有意识地将窑号或商号、代表性的名家款识加以收集、整理，深入了解民国瓷绘瓷彩艺人的创作情况，挖掘其中不为人们所熟知的内涵，补充和增添了德化窑瓷的珍贵标本和历史资料，是收藏研究德化瓷不可多得的第一手资料，为研究"海上丝绸之路"、中国海上交通史、"非物质文化遗产"——德化瓷烧制工艺提供了翔实的实物资料。

　　在探访德化各大古窑址的行程中，得到了许回成、施政强等德化古陶瓷收藏朋友的全力支持，不仅提供了大量精美的收藏实物，与古窑址的遗存相互佐证，还对该书的具体内容予以指正；得到了王金镭、叶志向等朋友的大力帮助，不仅提供车辆之便，还全程一同考察，使得这一具有深远意义的探访之旅得以顺利进行。此外，中国古陶瓷研究泰斗、国家文物鉴定委员会主任、中国古陶瓷学会会长、故宫博物院研究员耿宝昌先生，国家文物鉴定委员会委员、中国古陶瓷学会副会长、南京博物院研究员张浦生先生，中国古陶瓷学会名誉会长、厦门大学资深教授叶文程先生等十分关心该书的出版发行，并对该书提出了许多宝贵的意见，叶文程先生还热情地为该书作序，在此一一表示感谢。

　　由于德化窑属民窑性质，其生产工艺在不断地传承、发展、完善，胎釉、装饰（艺术）风格并没有十分明显的年代特征，同时许多古窑址并没有经过科学的发掘，只能依据废弃层上的遗存加以探究，加上本人对德化窑瓷的认识有限，谬误在所难免，恳请广大古陶瓷研究方家和朋友不吝指教。

　　谨记之。

2009年夏于勤耕斋